Sagesse
d'un pauvre

Du même auteur

Exil et Tendresse, éd. Franciscaines, 1962.

Le Cantique des créatures ou les Symboles de l'union, éd. Desclée de Brouwer, 1970.

Le Chant des sources, éd. Franciscaines, 1976.

Le Peuple de Dieu dans la nuit, éd. Franciscaines, 1976.

François d'Assise, Le retour à l'Évangile, éd. Desclée de Brouwer, 1981.

Matthias Grünewald, La nuit est ma lumière, éd. Desclée de Brouwer, 1984. Rééd. 1994.

Le Royaume caché, éd. Desclée de Brouwer, 1987.

Dieu plus grand, éd. Desclée de Brouwer, 1990.

Rencontre d'immensités, éd. Desclée de Brouwer, 1993.

Un maître à prier : François d'Assise, éd. Franciscaines, 1993.

Chemin de contemplation, éd. Desclée de Brouwer, 1995.

Éloi Leclerc

Sagesse d'un pauvre

19e édition

DESCLÉE DE BROUWER

NIHIL OBSTAT
Parisiis,
die 6ª Januarii 1959
fr. Ignatius-Stephanus MOTTE,
o.f.m. def. prov.

IMPRIMI POTEST
Parisiis,
die 7ª Januarii 1959
fr. Gustavus BOULEZ,
o.f.m. min. prov.

IMPRIMATUR
Parisiis,
die 6ª Januarii 1959
Jacobus LE CORDIER,
epis. Prienensis

La première édition de cet ouvrage est parue aux Éditions Franciscaines en 1959. Cette nouvelle édition a été réalisée avec l'accord des Éditions Franciscaines.

76 *bis*, rue des Saints-Pères, 75007 Paris
ISBN 2-220-03197-7

A mes chers parents

Dieu attend là
où sont les racines

Rainer Maria RILKE

Préface

Le mot le plus terrible qui ait été prononcé contre notre temps est peut-être celui-ci : « Nous avons perdu la naïveté. » Dire cela, ce n'est pas nécessairement condamner les progrès des sciences et des techniques dont notre monde est si fier. Un tel progrès est en soi admirable. Mais c'est reconnaître que ce progrès ne s'est pas réalisé sans une perte considérable sur le plan humain. L'homme, enorgueilli de sa science et de ses techniques, a perdu quelque chose de sa candeur.

Empressons-nous de dire qu'il n'y avait pas que de la candeur et de la naïveté chez nos pères. Le Christianisme avait assumé la vieille sagesse paysanne et terrienne, née du contact de l'homme avec la terre. Et il y avait sans doute encore plus de terre que de Christianisme chez bon nombre de nos pères. Plus de pesanteur que de grâce. Mais l'homme avait alors des racines puissantes. Les élans de la foi, comme les fidélités humaines, s'appuyaient sur des adhésions vitales et instinctives particulièrement fortes. Celles-ci n'étaient aucunement ébranlées ou énervées. L'homme participait au monde, naïvement.

En perdant cette « naïveté », l'homme a aussi perdu le secret du bonheur. Toute sa science et toutes ses techniques le laissent inquiet et seul. Seul devant la mort. Seul devant ses infidélités et celles des autres, au milieu du grand troupeau humain. Seul aux prises avec ses démons qui ne l'ont pas déserté. A certaines heures de lucidité, l'homme comprend que rien, absolument rien ne pourra lui rendre une joyeuse et profonde confiance dans la vie, à moins d'un recours à une source qui soit en même temps un retour à l'esprit d'enfance. La parole de l'Évangile n'est jamais apparue aussi lourde de vérité humaine : « Si vous ne devenez comme des tout-petits, vous n'entrerez pas dans le Royaume des cieux. »

Sur ce chemin qui conduit à l'esprit d'enfance, un homme aussi simple et aussi pacifié que saint François d'Assise a quelque chose à nous dire. Quelque chose d'essentiel et de décisif. Ce saint du Moyen Age nous est étonnamment proche. Il semble avoir senti et compris notre drame à l'avance, lui qui écrivait : « Salut, reine Sagesse, que Dieu te sauve avec ta sœur la pure Simplicité. » Ah ! nous ne le sentons que trop, il ne peut pas y avoir de sagesse pour nous qui sommes si riches de science sans un retour à la pure simplicité. Mais qui donc, mieux que le Pauvre d'Assise, peut nous apprendre ce qu'est la pure simplicité ?

C'est la sagesse de saint François que ce petit livre se propose d'évoquer : son âme, son attitude profonde devant Dieu et devant les hommes. Je n'ai pas cherché à écrire une biographie. J'ai cependant visé à la fidélité. Une fidélité moins littérale, plus intérieure, plus profonde que celle du simple récit historique. On peut aborder une vie comme celle de saint François de l'extérieur, en cherchant peu à peu, à partir des faits, à pénétrer l'âme du saint. Cette démarche est normale et toujours nécessaire. Mais lorsqu'on a fait cela et que l'on est ainsi parvenu à saisir quelque chose de la richesse intérieure, l'on peut essayer d'exprimer et de rendre sensible cette plénitude. Et peut-être devra-t-on alors recourir à un mode d'expression plus apparenté à l'art qu'à l'histoire proprement dite, si l'on ne veut pas trahir la richesse perçue.

Dans ce souci de fidélité plus spirituelle que littérale, je me suis appliqué à rendre sensible au lecteur l'expérience franciscaine sous son double aspect. Par un côté, cette expérience ruisselle de soleil et de miséricorde. Par l'autre, elle s'enfonce dans la nuit des grands dépouillements. Ces deux aspects sont inséparables. La sagesse du Pauvre d'Assise, si spontanée et rayonnante qu'elle nous apparaisse, n'a pas échappé à la loi commune : elle a été le fruit de l'expérience et de l'épreuve. Elle a mûri lentement dans un recueillement et un dépouillement qui n'ont cessé de s'approfondir avec le temps.

Ce dépouillement a atteint son sommet dans la crise très grave qui secoua son Ordre et qu'il ressentit lui-même d'une manière extrêmement douloureuse. Dans le récit qu'on va lire, on s'est attaché à exprimer l'attitude profonde de saint François au long de cette dure épreuve. La découverte de la sagesse s'est inscrite pour lui dans une expérience de salut, de sauvetage, à partir d'une situation de détresse : « Salut, reine Sagesse, que Dieu te sauve... » François a compris que la sagesse elle-même a besoin d'être sauvée, qu'elle ne peut être qu'une sagesse de sauvés.

Le point de départ de la crise qui va être évoquée fut, on le sait, le développement très rapide de l'Ordre et l'entrée massive de clercs dans la communauté des frères. Cette situation nouvelle posait un difficile problème d'adaptation. Les frères, au nombre de cinq mille, ne pouvaient plus vivre dans les mêmes conditions que lorsqu'ils étaient une douzaine. D'autre part, des besoins nouveaux se faisaient jour au sein de la communauté du fait de la présence de nombreux hommes instruits. Une adaptation de l'idéal primitif aux nouvelles conditions d'existence s'imposait. Saint François en avait parfaitement conscience. Mais il se rendait compte aussi que, parmi les frères qui réclamaient cette adaptation, certains étaient poussés par un esprit qui n'était pas le sien. Nul plus que lui n'avait conscience de l'originalité de son idéal. Il se sentait responsable de cette forme de vie que le Seigneur, lui-même, lui avait révélée dans l'Évangile. Il fallait surtout ne pas trahir cette inspiration première et divine. De plus, on devait éviter de heurter les légitimes susceptibilités des premiers compagnons ; ces âmes simples ne manqueraient pas d'être troublées par des innovations inconsidérées. L'adaptation s'avérait donc tâche délicate. Elle demandait beaucoup de discernement, de tact et aussi de lenteur. Ces conditions ne furent pas respectées. Les vicaires généraux, à qui François avait confié le gouvernement de l'Ordre durant son séjour en Orient, déployèrent une activité intempestive ; ils brûlèrent les étapes. Il en résulta une crise très grave qui aurait pu aller jusqu'à la rupture. Cette crise fut pour François une terrible épreuve. Il eut le sentiment d'un échec. Dieu l'attendait là. Ce fut une suprême purification. L'âme déchirée, le Pauvre d'Assise s'avança vers une dépossession de soi complète et définitive. A travers le trouble et les larmes, il devait, enfin, aboutir à la paix et la joie. En même temps, il sauvait les siens en leur révélant que la forme la plus élevée de la pauvreté évangélique est aussi la plus réaliste : celle où l'homme reconnaît et accepte la réalité humaine et divine dans toute sa dimension. C'était la voie du salut pour son Ordre : celui-ci, au lieu de s'isoler dans une sorte de protestantisme avant la lettre, allait trouver, au sein même de l'Église, son équilibre intérieur et sa pérennité.

1. Lorsqu'il n'y a plus de paix

Quittant la route poudreuse et brûlante de soleil sur laquelle ils cheminaient depuis de longues heures, frère François et frère Léon s'étaient engagés sur un étroit sentier qui s'enfonçait dans les bois et menait directement vers la montagne. Ils avançaient péniblement. L'un et l'autre étaient harassés. Ils avaient eu très chaud à marcher en plein soleil sous leur robe de bure brune. Aussi appréciaient-ils maintenant l'ombre qui tombait des hêtres et des chênes. Mais le sentier raviné grimpait rudement. Les pierres roulaient, à chaque pas, sous leurs pieds nus.

A un endroit où la pente se faisait plus raide,

François s'arrêta et soupira. Alors son compagnon qui le précédait de quelques pas s'arrêta aussi et, se retournant vers lui, lui demanda d'une voix empreinte de respect et d'affection :

— Veux-tu, Père, que nous nous reposions ici un instant ?

— Oui, volontiers, frère Léon, répondit François.

Et les deux frères s'assirent côte à côte sur le bord du sentier, le dos appuyé au tronc d'un énorme chêne.

— Tu as l'air bien fatigué, Père, observa Léon.

— Oui, je le suis, en effet, dit François. Et toi aussi, sans doute. Mais là-haut, dans la solitude de la montagne, tout cela s'arrangera. Il était temps que je parte. Je ne pouvais plus rester au milieu de mes frères.

François se tut, ferma les yeux et demeura immobile, les mains croisées autour des genoux, la tête un peu rejetée en arrière et appuyée contre l'arbre. Léon le considéra alors attentivement. Il en fut effrayé. Son visage était non seulement creusé et émacié, mais défait et voilé par une profonde tristesse. Pas le moindre espace de lumière sur cette figure auparavant si rayonnante. Partout l'ombre de l'angoisse, d'une angoisse rentrée, plongeant ses racines jusqu'au tréfonds de l'âme et la dévorant lentement. On eût dit le visage d'un homme en proie à une terrible agonie. Un trait dur barrait le front, et la bouche avait un pli amer.

Au-dessus d'eux, cachée dans le feuillage du chêne, une tourterelle faisait entendre son roucoulement plaintif. Mais François ne l'entendait pas. Il était tout entier à ses pensées. Celles-ci le ramenaient constamment malgré lui à la Portioncule. Son cœur était attaché à cette humble parcelle de terre, située près d'Assise, et à sa petite église Sainte-Marie que lui-même avait restaurée de ses mains. N'était-ce pas là que, quinze ans plus tôt, le Seigneur lui avait fait la grâce de commencer avec quelques frères à vivre selon le Saint Évangile ? Tout alors était beau et lumineux, tel un printemps ombrien. Les frères formaient une véritable communauté d'amis. Entre eux, les rapports étaient faciles, simples, transparents. Et c'était vraiment la transparence d'une source. Chacun était soumis à tous et n'avait qu'un désir : suivre la vie et la pauvreté du très haut Seigneur Jésus-Christ. Et le Seigneur lui-même avait béni cette petite fraternité. Elle s'était multipliée rapidement. Et à travers toute la Chrétienté avaient fleuri de petites communautés de frères. Mais à présent tout cela était menacé de ruine. C'en était fini de cette unanimité dans la simplicité. Parmi les frères, on discutait âprement et on s'entre-déchirait. Certains d'entre eux, tard venus dans l'Ordre mais éloquents et influents, déclaraient sans sourciller que la Règle, telle qu'elle était, ne répondait plus aux besoins de la communauté. Ils avaient leurs idées sur la question. Il fallait, disaient-ils, organiser cette multitude de frères en un Ordre fortement constitué et hiérarchisé. Et pour cela, on devait s'inspirer de la législation des grands Ordres anciens et ne pas reculer devant des constructions vastes et durables qui donneraient à l'Ordre des Frères Mineurs lui-même pignon sur rue. Car, ajoutaient-ils, dans l'Église, c'est comme partout, on a la place qu'on occupe.

« Ceux-là, songeait tristement François, n'ont pas le goût de la simplicité et de la pauvreté évangéliques. »

Il les voyait en train de saper l'œuvre qu'avec le Seigneur il avait édifiée. Et cela lui faisait mal, affreusement mal. Et puis, il y avait les autres : ceux qui, sous couvert de liberté évangélique ou bien pour avoir l'air de se mépriser eux-mêmes, se permettaient toutes sortes de fantaisies ou d'originalités du plus mauvais goût. Leur conduite jetait le trouble parmi les fidèles et le discrédit sur tous les autres frères. Ceux-là aussi sapaient l'œuvre du Seigneur.

François rouvrit les yeux et, regardant fixement devant lui, il murmura :

— Il y a trop de frères mineurs.

Puis brusquement, comme pour chasser cette idée importune, il se leva et se remit en route.

— J'ai hâte, dit-il, d'être arrivé là-haut et d'y retrouver un vrai nid d'évangile. Sur la montagne, l'air est plus pur et les hommes sont plus près de Dieu.

— Nos frères Bernard, Rufin et Sylvestre vont être heureux de te revoir, dit Léon.

— Moi aussi, je les reverrai avec plaisir. Ils me sont restés fidèles. Ce sont des compagnons de la première heure.

Léon marchait devant. François suivait péniblement ; il pensait aux derniers mois qu'il venait de passer au couvent de la Portioncule et durant lesquels il avait multiplié les efforts pour ramener ses frères à leur vocation. Le dernier chapitre général de la Pentecôte les avait tous réunis. Il leur avait dit alors clairement ce qu'il pensait. Mais il s'était rendu compte bien vite que lui et une fraction de la communauté ne parlaient plus le même langage. Essayer de les convaincre, c'était peine perdue. Alors il s'était dressé devant ses trois mille frères assemblés. Fier et farouche comme une mère à qui l'on veut arracher ses enfants. Et il s'était écrié : « L'Évangile n'a pas besoin d'être justifié. C'est à prendre ou à laisser. » Ses premiers disciples, les compagnons fidèles, s'en étaient réjouis. Ils espéraient qu'il allait reprendre en main la direction de son Ordre. Mais ses forces physiques le trahissaient. Il était rentré de Palestine avec une santé complètement délabrée. Pour faire face aux mécontents, il fallait un homme fort, un robuste tempérament de chef. Le cardinal Hugolin, protecteur de l'Ordre, conseillait le frère Élie. Et François avait acquiescé, non sans appréhension cependant.

Quant à lui, malade du foie et de l'estomac, les yeux infectés et brûlés par le soleil d'Orient et aussi par les larmes, il avait pris le parti de se taire et de prier. Mais une lourde tristesse s'était abattue sur lui. Comme une espèce de rouille, elle s'attachait à son âme et l'attaquait, ne cessant de la ronger nuit et jour. L'avenir de son Ordre lui paraissait très sombre. Il voyait les siens divisés. On lui rapportait les mauvais exemples que certains frères donnaient et le scandale que cela faisait auprès des fidèles. Frère Élie lui-même, à la tête de l'Ordre, affichait des allures de grand seigneur et faisait le jeu des novateurs. Le chagrin de François était trop grand pour qu'il pût n'en rien laisser paraître. Il ne pouvait plus montrer à ses frères un visage ouvert et joyeux, comme il en avait l'habitude. C'est pourquoi maintenant il s'en allait loin d'eux cacher sa peine dans la montagne, au milieu des bois. Il avait résolu de se retirer dans l'un de ces ermitages qu'il avait lui-même fondés quelques années auparavant sur les contreforts des Apennins. Là, du moins, dans le silence et la solitude, il n'entendrait plus parler de mauvais exemples. Là aussi il jeûnerait et prierait jusqu'à ce que le Seigneur ait pitié de lui et daigne lui montrer sa face.

Parvenus au sommet de la première colline, François et Léon virent se dresser en face d'eux la petite montagne recouverte de bois au milieu desquels se tenait caché l'humble ermitage des frères. Ils s'arrêtèrent un instant à contempler cette pyramide verdoyante posée là en avant d'un contrefort de l'Apennin. La verdure dont elle était parée sur ce versant en masquait l'âpreté et le caractère sauvage. L'autre versant qu'on ne voyait pas, mais que François connaissait fort bien, était beaucoup plus abrupt ; il était formé par un éboulis de roches. Au-dessus de la montagne et aussi loin que le regard portait, le ciel était merveilleusement clair et lumineux. C'était une belle et tranquille soirée de fin d'été. Le soleil achevait de disparaître à l'horizon derrière la crête des grands monts. On n'apercevait déjà plus qu'une vapeur de lumière au-dessus du couchant. L'air commençait à fraîchir imperceptiblement. Un léger brouillard bleuâtre s'étirait et flottait çà et là au-dessus des ravins violacés.

Le sentier s'élevait maintenant en serpentant au flanc de la montagne. Les deux frères avançaient lentement et en silence. François marchait un peu voûté, les yeux fixant le sol. Il allait du pas pesant d'un homme qui ploie sous une charge trop lourde. Ce qui l'accablait ainsi, ce n'était pas le poids des ans. Il n'avait guère plus de quarante ans. Ni non plus le poids de ses péchés, bien qu'il ne se fût jamais senti aussi grand pécheur devant Dieu que maintenant. Et ce n'était pas davantage le poids de son Ordre en général. Il ne connaissait pas l'Ordre en général. Il ne connaissait d'ailleurs rien d'une manière générale. Et pour le faire ployer, il fallait quelque chose de beaucoup plus lourd que des vues abstraites. Ce qui le faisait aller ainsi, presque en titubant, c'étaient la pensée et le souci de chacun de ses frères en particulier. Lorsqu'il pensait à ses frères — et il n'arrêtait plus d'y penser — il revoyait chacun d'eux avec sa physionomie propre, avec ses joies et ses souffrances particulières qu'il avait le don de faire siennes. Il sentait le drame qui se jouait à cette heure dans le cœur d'un grand nombre de ses fils. Et il le sentait avec les nuances propres à chacun d'eux, d'une manière profonde et poignante. Il avait une puissance extraordinaire de sentir. C'était chez lui comme un instinct maternel. Et peut-être tenait-il cette sensibilité de sa mère, Dame Pica. « Si une mère nourrit et chérit son fils selon la chair, aimait-il à répéter, combien plus devons-nous nourrir et chérir nos frères selon l'Esprit. »

Encore jeune homme, lorsqu'il était dans le monde, sa riche sensibilité en faisait un être particulièrement réceptif et vulnérable ; il vibrait à tout ce qui est vivant, jeune, noble et beau : aux prouesses des chevaliers, aux poèmes des cours d'amour, aux beautés de la nature, aux charmes de l'amitié. Mais cette sensibilité le rendait aussi secourable aux pauvres ; tout son être était ébranlé lorsque l'un d'eux venait à lui avec ces paroles : « Pour l'amour de Dieu. » Sa conversion n'avait pas détruit son humanité. Elle n'en avait brisé aucun des ressorts. Elle l'avait seulement approfondie et purifiée. Dieu lui avait fait sentir la vanité de sa vie. Et il s'était rendu attentif à des appels plus profonds. A celui du lépreux qu'il rencontra un jour dans la campagne d'Assise et qu'il embrassa, malgré la forte répugnance qu'il en avait. A celui du Crucifix de la petite église de Saint-Damien, qui s'était animé sous ses yeux et qui lui avait dit : « Va, François, répare ma maison qui, comme tu vois, tombe en ruine. » Sa puissance de sentir s'était ainsi approfondie. Et en même temps elle était devenue une puissance toujours plus grande de souffrir.

Maintenant, le jour baissait. Sous les ormes et les pins qui escaladaient le rocher, il faisait déjà sombre. Dans les bois, un oiseau de nuit jeta son cri. Frère Léon observa :

— Nous n'arriverons pas avant la nuit.

François ne dit rien. Mais il pensait en lui-même qu'il en serait mieux ainsi. Les frères de l'ermitage remarqueraient moins sa tristesse.

Ils passèrent devant la petite source où les frères venaient chaque jour puiser de l'eau et dont le murmure dans l'ombre signalait la présence. Ils n'étaient plus loin du but à présent. Encore la distance d'un ou deux jets de pierre. Un doute s'éleva alors dans l'âme de François. Il avait l'habitude, lorsqu'il arrivait dans une maison, de dire : « Paix à cette maison », ainsi que le Seigneur le demande dans le Saint Évangile. Mais en avait-il le droit à présent ? N'était-ce pas déloyauté de sa part d'offrir une chose qu'il n'avait pas et de se présenter comme un messager de paix, lui dont le cœur était vide de paix ? François leva les yeux au ciel. Entre les branches de pins qui dressaient leur masse noire de part et d'autre du sentier, une étroite bande de ciel bleu sombre se déroulait. Les étoiles s'allumaient lentement au firmament. François soupira. Dans sa nuit à lui, il n'y avait pas d'étoiles. Mais fallait-il attendre que le jour se levât pour suivre l'Évangile et se conformer à la demande du Seigneur ?

A ce moment, ils arrivèrent à la hauteur du petit oratoire de l'ermitage. Et déjà frère Léon le contournait par-derrière. Alors François, élevant la voix, cria dans le silence de la nuit :

— Au nom du Seigneur, Paix à cette maison.

Et l'écho, dans les bois, répondit : « ... A cette maison. »

2. Seul dans la nuit

Tout contre le petit oratoire se tenait la maison des frères. Pouvait-on même appeler cela une maison ? C'était une cabane construite en pisé et recouverte de branchages. Cinq ou six personnes suffisaient à la remplir. Le jour y entrait parcimonieusement par une étroite ouverture pratiquée dans le mur. Le sol était le roc nu. Pour tout mobilier, un banc de pierre et une grande croix de bois qui pendait au mur. Dans un angle, quelques grosses pierres formaient un feu. La cabane servait à la fois de cuisine, de réfectoire et de lieu de réunion. Mais les frères n'y logeaient pas. Leurs cellules se trouvaient non loin de là, sur le versant abrupt de la montagne ; elles étaient formées par des grottes naturelles assez profondes auxquelles on accédait au milieu d'un éboulis de roches. Pour parvenir jusqu'à ces trous d'ombre dans la muraille, il fallait se faire pareil au chamois, souple, léger, aérien. Car, par endroits, il arrivait qu'on surplombât le ravin.

La venue de François et de Léon à l'ermitage n'avait rien changé à la vie des frères. Celle-ci était d'ailleurs fort simple. On suivait là-haut la règle que François lui-même avait dictée naguère tout spécialement pour les ermitages. « Ceux qui veulent vivre en religieux dans les ermitages, avait prescrit François, y habiteront à trois ou quatre au plus. Deux s'occuperont des choses matérielles et procureront les aliments nécessaires pour tous. Qu'ils soient comme des mères et considèrent les autres comme leurs enfants. Ils mèneront la vie de Marthe tandis que les deux autres ne doivent vaquer qu'à la prière, jusqu'au moment où ils échangeront ces fonctions. »

Ainsi, à tour de rôle, deux des frères se chargeaient de l'entretien matériel de la petite communauté pendant que les autres s'adonnaient librement à l'oraison. Dans ce site sauvage et escarpé où tout déplacement comportait des escalades difficiles et des descentes rapides et dangereuses, le corps lui-même était soumis à une discipline d'assouplissement et de purification, qui le rendait plus docile à l'esprit. Pour vivre cette vie d'oraison, il fallait avoir un tempérament de jongleur et d'acrobate. L'on ne devait pas craindre de marcher sur les mains ni de râper ses vêtements contre la roche rugueuse. Cette acrobatie, dans la pensée de François, était une manière de louer Dieu. C'était aussi une grande sagesse. Le corps et l'âme étroitement associés participaient au même élan et retrouvaient leur unité dans la paix véritable de l'esprit.

Sans confort ni éclat, cette vie ne tolérait aucun artifice. L'homme y était contraint de rejoindre sa vérité. Il devenait sobre de paroles et de gestes. Les sentiments eux-mêmes s'apaisaient et se faisaient plus simples. Non pas à force de lectures ou de repliement sur soi, mais par cette sainte et rude obéissance aux choses, à laquelle oblige la pauvreté, lorsqu'elle est acceptée dans toute sa rigueur. C'était une rude école. L'homme y apprenait à sentir d'une manière nouvelle, beaucoup plus simple et plus réelle.

Les seuls livres connus à l'ermitage étaient ceux de la sainte Liturgie, le Missel et le Livre des heures canoniales. Encore n'existait-il qu'un seul exemplaire de ces livres pour tous les frères. Mais la Parole de Dieu, qui y était contenue, retrouvait ici tout son sens et en quelque sorte sa verdeur originelle. Elle n'était point énervée ou troublée par une quantité d'autres lectures. Et d'ailleurs, rien n'aide à goûter et à comprendre la Parole du Salut comme de vivre soi-même à la limite. C'est seulement lorsqu'on est exposé à toutes les intempéries que l'on réalise vraiment ce qu'est un toit. De même, lorsqu'on vit loin de tout appui humain et de tout ce qui donne habituellement à l'existence un semblant de solidité, l'on éprouve la vérité de paroles comme celles-ci : « Mon rocher, mon rempart, c'est Toi. » Car alors l'homme peut voir sans crainte son existence trembler comme la frêle tige d'une orchidée sauvage dans la fente du rocher au-dessus du ravin à pic. Quand, à la tombée du jour, réunis dans le petit oratoire, les frères récitaient à Complies le verset : « Garde-nous, Seigneur, comme la pupille de l'œil », ils savaient qu'ils exprimaient là quelque chose de fort. Toutes ces formules avaient pour eux la saveur des choses réelles. Il n'y avait pas Dieu d'un côté et la réalité de l'autre. Dieu lui-même était réel au cœur des choses réelles.

François avait éprouvé maintes fois le bienfait de cette vie dans la solitude. Plusieurs jours s'étaient écoulés déjà depuis son arrivée à l'ermitage. Mais cette fois la paix ne revenait pas dans son âme. Le matin de très bonne heure, il entendait la sainte messe que célébrait le frère Léon. Puis il se retirait dans la solitude. Là, il priait longuement. Et cela au milieu de grandes angoisses.

Il lui semblait alors que Dieu s'était éloigné de lui et il en venait à se demander s'il n'avait pas présumé de ses forces. Dans ces moments-là, il recourait à la prière des psaumes pour exprimer sa détresse. « Tu as éloigné de moi mes amis, disait-il à Dieu. Je suis devenu un étranger parmi mes frères. Mes yeux se consument dans la souffrance. J'étends vers toi les mains. Pourquoi repousses-tu mon âme ? Pourquoi me caches-tu ta face ? Je suis chargé de terreurs, je suis troublé. »

Mais sa prière se faisait encore plus instante lorsqu'il récitait ce verset : « Enseigne-moi tes voies, ô Dieu, ô Éternel. » Dans cette supplication passait toute son âme. Il exprimait là son désir véhément de connaître la volonté de Dieu sur lui. Il ne savait plus ce que Dieu voulait de lui. Et il se demandait avec angoisse ce qu'il devait faire pour lui être agréable. Depuis sa conversion, il n'avait cessé de tendre vers le Bien. Il croyait s'être laissé conduire par Dieu. Et voici qu'il s'était heurté à l'échec. En s'appliquant à suivre la pauvreté et l'humilité du Seigneur Jésus-Christ, il n'avait eu en vue que la Paix et le Bien. Et, sous ses pas, l'ivraie avait germé et s'était mise à foisonner.

Souvent sa prière se prolongeait tard dans la nuit. Un soir qu'il était ainsi en prière, un gros orage éclata. La nuit était déjà tombée. Une nuit lourde et voilée que soudain illuminaient de grands éclairs éblouissants. Au loin, le tonnerre grondait sourdement. Peu à peu les coups se rapprochèrent. Et bientôt l'orage éclata dans toute sa force juste au-dessus de l'ermitage. Chaque détonation faisait l'effet d'un énorme coup de bélier contre la montagne. On entendait tout d'abord, dans les hauteurs du ciel, un bruit strident et rapide comme celui d'une toile que l'on déchire d'un coup sec. Puis, c'était aussitôt un craquement épouvantable dont le fracas était répercuté par la montagne. Il semblait alors que ce qui venait de tomber du ciel continuait son vacarme sous terre dans un roulement qui faisait tout trembler.

Seul, dans la nuit, François aussi tremblait. Mais ce n'était pas de cette peur que les hommes éprouvent lorsqu'ils sentent leur vie menacée. Il tremblait de ne pas reconnaître les desseins de Dieu sur lui. Il se demandait ce que Dieu voulait de lui et il craignait de ne pas entendre sa voix. Ce soir-là, la voix de Dieu était dans l'orage. Mais il fallait savoir l'entendre. François écoutait.

Et que disait cette voix puissante qui retentissait dans la nuit, entrecoupée de lueurs fulgurantes ? Elle clamait la vanité de toutes les choses de ce monde. Elle affirmait que toute chair est comme l'herbe des champs, qui fleurit le matin et qu'un vent brûlant dessèche le jour même. Et la voix reprenait au loin le même thème, mais sur un ton plus grave et plus sourd, dans un roulement prolongé qui allait se perdre derrière les grands monts. Et que disait-elle encore, cette voix ? Que la gloire dont Dieu s'environne est terrible. Et que nul ne peut le voir si d'abord il ne meurt et ne passe à travers l'eau et le feu.

Le feu tombait du ciel. Et voici qu'à présent l'eau se mêlait au feu. D'abord de grosses gouttes éparses, puis une pluie à verse, drue, torrentielle qui, en tombant sur les rochers, rejaillissait et ruisselait de toutes parts vers le ravin en gargouillant. Cela tombait sur la montagne comme un immense baptême. Comme une invitation à une grande purification. François contemplait et écoutait. Il se tenait immobile à l'abri d'une roche. Il n'avait rien d'autre à faire qu'à regarder et à écouter. Ce n'était plus le moment d'aller de par le monde et de prêcher l'Évangile aux foules, ni non plus de rassembler ses frères pour leur faire quelque admonition. Il ne s'agissait plus de faire quelque chose. Mais seulement de se tenir là, comme la montagne elle-même, sans bouger, sans broncher, dans la nuit lourde hachée d'éclairs, tout entier occupé à recevoir l'eau et le feu du ciel et à s'en laisser purifier. Cette voix était mystérieuse et difficile à entendre.

La pluie avait cessé. Un vent très frais s'était levé et soufflait sur la montagne. Dans le ciel, lointaines et pâles, quelques rares étoiles frissonnaient. Et il semblait à chaque instant que le vent allait les éteindre. La nuit restait sombre, très sombre. On ne distinguait pas ceci ou cela, cet arbre ou ce rocher bien connu. Ce n'étaient que masses informes se confondant avec l'obscurité. Le découpage habituel des choses s'était effacé, laissant le regard errer sur un espace sombre et sans fond. Il est dur d'accepter cet effacement des choses et de soutenir le tête-à-tête avec ce qui semble le néant. Il est dur de demeurer éveillé au milieu de ce vide obscur, où non seulement tous les êtres familiers ont perdu leur éclat, leur voix et jusqu'à leur nom, mais d'où la présence divine elle-même semble avoir reflué. François avait désiré la pauvreté. Il l'avait épousée, comme il disait. Et voici qu'à ce moment de son existence, il était pauvre, douloureusement pauvre, au-delà de tout ce qu'il avait pu rêver.

Naguère, lorsqu'il se retirait sur cette montagne, tout lui parlait de Dieu et de sa grandeur. Cette nature sauvage le pénétrait du sentiment de la majesté divine. Il n'avait qu'à se laisser porter par elle. A présent c'était l'heure du reflux. Il était là, oppressé, haletant, comme le poisson jeté hors de l'eau.

3. La dernière étoile

A quelque temps de là, arriva à l'ermitage le frère Ange. Cette venue était tout à fait inattendue. Le frère expliqua qu'il venait, de la part de sœur Claire, demander à François de bien vouloir se rendre auprès d'elle. Elle avait, disait-elle, grandement besoin de le voir. Claire s'était bien gardée de donner d'autres précisions. En réalité si, en ce moment, elle désirait tant revoir François, c'était parce que, du fond de son monastère de Saint-Damien, elle voyait ce qui se passait dans l'âme du Père. On lui avait dit qu'il s'était retiré dans la montagne pour se reposer. Mais elle eut tôt fait de comprendre qu'il s'agissait de bien autre chose. Elle connaissait les sentiments de François et les graves soucis que lui causait une fraction de la communauté des frères. Quelque chose en elle l'avait avertie que le cœur de son Père était dans une profonde détresse.

Lorsque François entendit prononcer le nom de Claire, son regard soudain s'illumina. Mais il s'éteignit presque aussitôt, comme l'éclair dans la nuit. Les plus beaux jours de sa vie venaient, en cet instant, de lui être évoqués. Le nom de Claire était associé dans son esprit à ce temps heureux et lumineux où aucune équivoque ne ternissait encore l'éclat de l'idéal évangélique que le Seigneur lui avait révélé. Mieux que personne, Claire avait perçu la splendeur cachée de cette forme de vie et elle s'en était laissé irradier. Ce qu'elle était venue chercher, encore jeune fille, auprès de François, elle qui descendait de la noble famille des Offreducci, c'était bien la pure simplicité de l'Évangile. François l'avait alors consacrée au Seigneur. Et Claire était restée fidèle à la sainte Pauvreté.

— Béni soit le Seigneur à cause de notre sœur Claire ! s'exclama François en entendant le frère Ange.

Mais il eut aussitôt envie d'ajouter : « Maudits soient ceux qui renversent et détruisent ce que vous, Seigneur, vous avez édifié et ne cessez d'édifier par les saints frères de cet Ordre. » Il se retint cependant. Ceux qu'il visait n'étaient pas là pour entendre. Et puis, cela lui faisait trop mal de maudire. Il se contenta de dire au frère Ange :

— Retourne vers notre sœur Claire et dis-lui qu'en ce moment je ne suis pas en état de me rendre auprès d'elle. Qu'elle veuille bien m'en excuser. Je la bénis autant et plus que je le puis.

Mais, quelques jours plus tard, François eut comme un regret. Et, pour montrer à sœur Claire qu'il ne l'oubliait pas et qu'il était sensible à son geste, il dépêcha près d'elle frère Léon.

Dès que Claire vit venir frère Léon, elle s'empressa de lui demander :

— Comment va notre Père ?

— Notre Père, répondit Léon, souffre toujours beaucoup des yeux et aussi de l'estomac et du foie. Mais c'est son âme surtout qui est malade.

Il se tut un instant. Puis il continua :

— Notre Père a perdu la joie, toute joie. Il nous dit lui-même que son âme est amère. Ah ! si ceux qui trahissent son idéal savaient le mal qu'ils lui font ! Ils mettent sa vie elle-même en danger.

— Oui, notre Père est en danger, dit Claire. Mais la main de Dieu ne l'a pas quitté. C'est elle qui le conduit. Assurément, Dieu veut le purifier comme l'or dans la fournaise. Il nous reviendra plus resplendissant que le soleil, je n'en doute pas. Le lever du Seigneur dans son âme est plus certain que celui de l'aurore sur la terre. Mais nous avons à l'entourer et à le soutenir dans cette terrible épreuve afin que l'amertume ne prenne pas racine dans son cœur. Il ne suffit pas que le grain lève et qu'il porte du fruit. Il faut veiller à ce que le fruit ne soit pas amer. L'amertume guette toute maturité. Elle en est le ver rongeur. Là est le danger, frère Léon. Je crois que si notre Père pouvait venir ici passer quelques jours, cela lui ferait beaucoup de bien. Faites tout pour le décider à sortir de sa solitude.

De retour à l'ermitage, frère Léon alla immédiatement vers François. Il le trouva assis près du petit oratoire et il lui fit part avec beaucoup d'insistance de la requête de sœur Claire.

— Notre sœur Claire prie pour moi et c'est l'essentiel, lui répondit doucement François. Elle n'a pas besoin de voir mon visage en ce moment. Elle n'y verrait que de l'ombre et de la tristesse.

— Oui, Père, répondit Léon. Mais elle pourrait peut-être y ramener un peu de clarté.

— C'est le contraire qui est à craindre, répliqua François. Je redoute de jeter le trouble et l'obscurité dans son âme. Tu ne sais pas, Léon, quelles pensées m'agitent ! A certaines heures, l'idée me hante que j'aurais mieux fait de rester au commerce de mon père et de prendre femme et d'avoir des enfants comme tout le monde. Et une voix me répète inlassablement qu'il n'est pas encore trop tard pour bien faire. Crois-tu que je puis aller vers notre sœur Claire avec des idées pareilles dans la tête ?

— Ce sont là des idées en l'air, dit Léon. Elles te trottent dans la tête. Mais elles n'ont aucune prise sur toi. Tu n'es pas capable d'être ébranlé et entraîné par de telles idées.

— Eh bien ! détrompe-toi, assura François. J'en suis capable. Je puis très bien encore avoir des fils et des filles.

— Père, que dis-tu là !

— Rien que de vrai. Et pourquoi t'en étonner ?

— Parce que je te tiens pour un saint, répondit Léon.

— Dieu seul est saint, répliqua vivement François. Pour moi, je ne suis qu'un vil pécheur. Tu entends, frère Léon, un vil pécheur ! Une seule chose me reste dans ma nuit, c'est l'immense pitié de mon Dieu. Non, je ne puis pas douter de l'immense pitié de mon Dieu. Prie seulement, ô frère Léon, pour que, dans mes ténèbres, ne s'éteigne pas à mes yeux cette dernière étoile.

François se tut. Au bout d'un moment, il se leva et s'enfonça seul dans le bois. Léon le suivait des yeux. François sanglotait.

4. Le gémissement d'un pauvre

Quelques jours plus tard, revenant de prier dans les bois selon son habitude, François trouva à l'ermitage un jeune frère qui l'attendait. C'était un frère lai venu exprès pour lui demander une permission. Ce frère aimait beaucoup les livres et il aurait voulu que le Père lui permît d'en garder quelques-uns. Il désirait notamment posséder un psautier. Sa piété, expliquait-il, gagnerait s'il pouvait disposer librement de tels livres. Il avait déjà la permission de son ministre, mais il eût tant aimé obtenir celle de François.

François écoutait le frère exposer sa requête. Il voyait

beaucoup plus loin que ce que celui-ci lui disait. Les paroles de ce dernier résonnaient à ses oreilles comme un écho. Il lui semblait entendre le langage de certains ministres de son Ordre, éblouis par le prestige des livres et de la science. L'un d'eux ne lui avait-il pas demandé naguère l'autorisation de conserver à son usage toute une collection de livres magnifiques et précieux ? Sous prétexte de piété, on était donc en train de détourner les frères de l'humilité et de la simplicité de leur vocation. Mais cela ne suffisait pas. Les novateurs voulaient que lui, François, donnât son approbation. L'autorisation qu'il pourrait accorder à ce jeune frère serait évidemment exploitée par les ministres. Vraiment, c'en était trop. François sentit monter en lui une violente colère. Mais il se raidit et se retint. Il eût voulu être à mille lieues de là, loin du regard de ce frère qui attendait et épiait ses réactions. Soudain, une idée lui jaillit.

— Tu veux un psautier? s'écria-t-il. Eh bien! attends, je vais t'en chercher un.

Il bondit vers la cuisine de l'ermitage, y entra, plongea la main dans le foyer éteint et en retira une poignée de cendre et revint aussitôt vers le frère.

— Le voilà, ton psautier! dit-il.

Et, ce disant, il lui frotta le sommet de la tête avec la cendre.

Le frère ne s'attendait pas à cela. Surpris et confus,

il ne savait que penser et que dire. Manifestement, il ne comprenait pas. Il demeurait la tête baissée, silencieux. François lui-même, sa première réaction passée, se trouva décontenancé devant ce mutisme. Il venait de lui parler un langage rude, trop rude peut-être. Il eût voulu, à présent, lui expliquer pourquoi il agissait ainsi, lui dire longuement et clairement toute sa pensée. Lui montrer qu'il n'avait rien assurément contre la science ni contre la propriété en général, mais qu'il savait lui, le fils du riche marchand drapier d'Assise, combien il est difficile de posséder quelque chose et de demeurer l'ami de tous les hommes et surtout l'ami de Jésus-Christ. Que là où chacun s'efforce de se constituer un avoir, c'en est fini d'une vraie communauté de frères et d'amis. Et qu'on ne pourra jamais faire que l'homme qui a quelques biens au soleil ne prenne spontanément une attitude de défense à l'égard des autres hommes. C'est cela qu'il avait expliqué jadis à l'évêque d'Assise qui s'étonnait de l'excessive pauvreté des frères.

— Seigneur évêque, lui avait-il alors déclaré, si nous avions quelques possessions, il nous faudrait des armes pour les défendre.

L'évêque avait bien compris cela. C'étaient de ces choses qu'il connaissait par expérience. Trop souvent alors les hommes d'Église devaient se muer en hommes d'armes pour défendre leurs biens et leurs droits.

Mais quel rapport tout cela avait-il avec un psautier aux mains d'un novice ? François voyait bien qu'aux yeux de ce jeune frère toutes ces graves explications ne pouvaient qu'apparaître sans proportion avec l'objet de sa requête. Sans proportion et donc inintelligibles. Jamais il ne s'était senti encore aussi impuissant qu'en ce moment.

— Quand tu auras ton psautier, dit-il enfin au frère avec l'espoir de se faire comprendre malgré tout, qu'est-ce que tu en feras ? Tu iras t'asseoir dans un fauteuil ou sur un trône, comme un grand prélat, et tu diras à ton frère : « Apporte-moi mon psautier. »

Le frère sourit, d'un sourire gêné. Il ne voyait pas la portée de la remarque de François. Celui-ci venait de lui exprimer avec humour la tragédie de l'avoir, telle qu'il la voyait : toutes nos relations humaines faussées, corrompues, réduites à des relations de maître et d'esclave à cause de l'avoir. A cause des biens que nous croyons posséder. Et il n'était pas nécessaire d'en posséder beaucoup pour se comporter en maître. Cela était grave, trop grave pour qu'on pût en sourire.

Mais François n'avait devant lui qu'un enfant. Un pauvre enfant qui ne pouvait pas comprendre ces choses graves, mais qu'il fallait cependant essayer de sauver. Il se sentit rempli d'une immense pitié pour lui. Il le prit maternellement par le bras et l'emmena près d'une roche où ils s'assirent tous les deux.

— Écoute, petit frère, lui dit-il. Je vais te confier une chose. Lorsque j'étais plus jeune, moi aussi j'ai été tenté par les livres. J'aurais aimé en avoir. Je pensais alors qu'ils m'apporteraient la Sagesse. Mais tous les livres du monde, vois-tu, sont incapables de donner la Sagesse. Il ne faut pas confondre la Science avec la Sagesse. N'importe quel démon à lui seul a connu jadis des choses célestes et connaît aujourd'hui des choses terrestres bien plus que tous les hommes réunis. A l'heure de l'épreuve, dans la tentation ou la détresse, ce ne sont pas les livres qui peuvent nous venir en aide, mais simplement la Passion du Seigneur Jésus-Christ.

François se tut un instant. Puis, douloureusement, il ajouta :

— A présent, je sais Jésus pauvre et crucifié. Cela me suffit.

Cette pensée l'absorba soudain tout entier. Il y demeura abîmé, les yeux fermés, complètement étranger à ce qui pouvait se passer autour de lui. Quand, après un assez long temps, il revint à lui, il constata avec effroi qu'il était seul. Le frère l'avait laissé et était reparti.

Les jours passaient. Aux yeux de François, ils se faisaient de plus en plus sombres. L'automne était venu. De grands coups de vent arrachaient aux arbres leurs feuilles jaunes et pourpres et les faisaient voltiger, tournoyer et danser bien haut dans la lumière du soleil, comme une nuée de papillons. Puis, peu à peu, la forêt perdit son éclat. Parmi les arbres dénudés, seuls les grands pins formaient encore çà et là des taches sombres de verdure. Bientôt les premiers froids se firent sentir, annonçant l'hiver tout proche. Et un matin de décembre, l'ermitage se réveilla sous la neige.

Le décor changeait. Mais, pour François, le temps semblait s'être arrêté. Quelque chose en lui s'était figé. Les jours et les saisons poursuivaient leur ronde. Mais lui n'était plus dans le mouvement des choses et des êtres. Il vivait hors du temps. Comme on l'avait vu maintes fois s'en aller tout seul par les sentiers dorés de l'automne, on le vit de même se glisser comme une ombre sur la neige fraîchement tombée, toujours en quête d'une paix qui le fuyait.

François passait ainsi de longues heures loin du regard de ses frères. Il priait. Mais ce n'était plus comme jadis dans les petites églises de la campagne d'Assise, celles de Saint-Damien ou de la Portioncule. Le Christ ne s'animait plus sous ses yeux. A la place, c'était le vide, un très grand vide. Il se demandait ce qu'il devait faire. Quitter l'ermitage et retourner au milieu de tous ses frères ? Mais alors, comment leur cacher sa tristesse et son angoisse ? Et quoi leur dire ? Rester dans la solitude ? Mais n'était-ce pas abandonner ceux que le Seigneur lui avait confiés ? Il se sentait responsable de chacun d'eux, comme une mère à l'égard de chacun de ses enfants. Et combien allaient être troublés, désorientés et peut-être détournés à jamais de leur vocation par son silence et sa démission ? Par moments, il sentait sourdre en lui une profonde colère contre tous ceux qui voulaient lui arracher ses fils. Puis il en venait à douter de lui-même. Il se reprochait ses fautes, son orgueil surtout.

Et tandis que François s'abîmait ainsi devant Dieu dans la solitude, les heures s'écoulaient. Souvent, il en oubliait les repas. Il arrivait en retard aux offices de la petite communauté. Les frères avaient d'ailleurs pris l'habitude de ne plus l'attendre. C'était convenu ainsi. La détresse dans laquelle était plongé leur père les accablait tous. Et cependant, lorsque lui-même se trouvait au milieu d'eux, il s'efforçait de ne rien laisser paraître des sentiments profonds qui le torturaient. Il se montrait affable, attentif à chacun d'eux et d'une bonté exquise. Il avait toujours un bon mot pour le frère qui revenait de la tournée de quête dans les hameaux de la montagne. Mais il ne pouvait leur cacher ses yeux rougis, mis à vif par les larmes. Ni non plus son extrême maigreur. Aux yeux de tous, il dépérissait.

Un jour de très grand froid, Léon partit à sa recherche dans la neige. Il le trouva agenouillé contre un rocher avec lequel il semblait ne plus faire qu'un. Il était comme pétrifié. A proximité, un grand pin tout couvert de neige et de givre dressait dans le ciel ses énormes bouquets d'aiguilles étincelantes. On eût dit un gigantesque candélabre d'argent massif. Léon releva François et, doucement, il se mit à le ramener vers l'ermitage, en le soutenant par le bras, comme un pauvre enfant égaré. Par endroits, des paquets de neige glissaient le long des hautes branches des pins et tombaient en fine poussière blanche. Un froid glacial étreignait durement toutes choses. On entendait dans le silence les arbres craquer sous la morsure du gel. Un pâle soleil d'hiver versait ses rayons obliques sur la neige et la rendait éblouissante. Cette réverbération aveuglait François. Sex yeux malades ne pouvaient soutenir cet éclat. Il était comme un oiseau de nuit que l'on a dérangé de sa retraite et qui se trouve ébloui par la lumière du jour.

Léon conduisit François à la cabane, où les frères avaient allumé un feu. François s'assit devant l'âtre. Il croisa les mains autour des genoux et il demeura ainsi longtemps à contempler le feu. Il ne disait rien. Parfois un frisson le parcourait et secouait tous ses membres. Quand la flamme n'était pas trop vive, il suivait des yeux son mouvement rapide. Il la regardait courir d'une extrémité à l'autre des tisons, s'élever, danser, puis se coucher, s'enrouler autour de la branche, s'éteindre presque, et à nouveau s'élancer avec des crépitements soudains d'où jaillissait une poussière d'étincelles. Par moments, Léon jetait dans le feu une poignée de brindilles sèches pour le ranimer. La flamme s'élevait alors claire, toute blanche. François fermait les yeux pour éviter l'éblouissement ou bien tendait les mains, en guise d'écran.

Léon lui parlait doucement. C'étaient des paroles toutes simples et naïves comme celles que l'on dit à un enfant malade. François écoutait et souriait. Il se sentait très épuisé, incapable d'aucun effort. Il demeurait immobile, le regard perdu dans le feu de l'âtre. La flamme baissait lentement. Elle se divisait en une multitude de petites flammes bleues, vertes, rouges et orange qui scintillaient autour de la bûche, l'enveloppaient et la léchaient de toutes parts, avec un faible grésillement plaintif. Au dehors, le vent soufflait et sifflait par rafales. Et l'on entendait la forêt trembler et gémir sous son souffle. François, devant ce pauvre feu, méditait. Jadis, quand les frères allaient à la ramée dans la forêt, il leur recommandait avec soin d'épargner le tronc afin de lui laisser l'espoir de reverdir. Maintenant, il se demandait anxieusement si l'arbre avait été suffisamment épargné et si un jour il allait pouvoir repartir.

5. Toujours plus de ténèbres

L'hiver, la vie est dure dans les ermitages de la montagne. La solitude s'y fait plus grande encore, plus redoutable aussi. L'homme reste seul là où toute trace de vie s'est effacée. Seul avec ses pensées et ses désirs. Malheur alors à celui qui est venu dans la solitude sans y être poussé par l'Esprit. Durant des journées entières, mornes et froides, le solitaire doit demeurer enfermé dans sa cellule. Dehors, la neige a recouvert tous les sentiers, ou bien une pluie glaciale ne cesse de tomber. L'homme est seul devant Dieu, sans échappatoire possible. Point de livres pour le distraire. Personne pour le regarder ou l'encourager. Il se voit renvoyé à lui-même. A son Dieu ou à ses démons.

Il prie. Et parfois aussi il prête l'oreille à ce qui se passe au dehors. Ce n'est plus le chant des oiseaux qu'il entend, mais le sifflement de la bise qui souffle sur la neige. Il tremble de froid. Il n'a pas mangé, peut-être, depuis le matin. Et il se demande si les frères qui sont sortis pour mendier lui rapporteront quelque chose.

Lorsque l'homme a froid, il se recroqueville sur lui-même comme une bête. Et il arrive qu'au lieu de méditer, il murmure et blasphème. L'hiver est toujours dur chez les pauvres. Leur toit est trop mince ou trop délabré pour arrêter le vent froid. La bise aigre se glisse à l'intérieur, jusqu'au cœur qui se prend à frissonner amèrement.

On a beau avoir voulu la pauvreté et être dur et résistant comme le rocher, il peut se faire que la morsure du froid soit la plus forte et fasse craquer la pierre elle-même. Alors, insidieusement, la tentation parle. Et son langage est celui du bon sens : « A quoi bon tant souffrir ? N'est-ce pas pure folie que de s'obstiner inutilement à endurer la faim et le froid ? Est-il nécessaire vraiment de se retirer dans un trou sinistre pour suivre le Seigneur ? »

Mais, auprès des âmes d'élite, la tentation peut prendre un autre visage, plus noble et plus pur que celui du gros bon sens : celui de la sainteté elle-même.

De tous les habitants de l'ermitage, frère Rufin était celui qui observait le plus François. Depuis des mois, il le voyait se traîner lamentablement, sans réaction, sans élan, sans joie. Il en avait éprouvé tout d'abord une très grande pitié. Puis, cela avait fini par l'intriguer et l'inquiéter. Cet état prolongé de tristesse et de prostration chez François le gênait ; il lui semblait déplacé. Peu à peu, un doute se leva dans son âme. François était-il bien l'homme de Dieu qu'il croyait ? Ne s'était-il pas trompé en le suivant ? N'avait-il pas cru prématurément à sa sainteté ? Dans ce cas, n'était-ce pas à lui, frère Rufin, de relever le gant et de montrer à tous ce dont est capable un vrai saint ?

Alors, un ange de Satan revêtit une robe de lumière et s'en vint souffler à l'oreille de Rufin : « Qu'as-tu affaire, frère Rufin, avec le fils de Pierre Bernardone ? C'est un homme stupide qui a voulu jouer au novateur. Il en a séduit beaucoup et il s'est trompé lui-même. Et vois ce qui est arrivé : il n'est plus qu'une pauvre loque, sans ressort, sans volonté. Et ce qui le fait languir et gémir, ce n'est rien d'autre qu'un grand orgueil blessé et désabusé. Crois-moi. Je suis le Fils de Dieu. Je sais qui j'ai élu et prédestiné. Le fils de Bernardone est damné et quiconque le suit est dupé. Ressaisis-toi pendant qu'il est encore temps. Laisse ce novateur courir à sa perte. Ne l'écoute plus. Ne lui parle même pas de ce que je viens de te dire. Et surtout, garde-toi de l'interroger. Il pourrait te séduire. Mais va hardiment et simplement de l'avant. Suis ton penchant vers la perfection, ce penchant que j'ai mis en toi comme une promesse d'éternité. Les anciens ermites dont tu médites les exemples te montrent la voie. C'est une voie sûre, celle-là, une voie éprouvée et bénie. Imite donc les anciens. Et ne t'occupe pas de ceux qui, sous prétexte d'évangile, veulent tout rénover. » Et l'ange de Satan fit étinceler magnifiquement son manteau de lumière aux yeux de Rufin. Celui-ci en fut ébloui et ravi. Nul doute, Dieu lui-même venait de lui parler par cette voix mystérieuse.

A partir de ce jour, Rufin cessa de paraître en communauté. Comme les anciens ermites, il voulait vivre dans l'isolement le plus complet, sans voir personne. Par-dessus tout, il voulait éviter de rencontrer François. Il avait perdu toute confiance en lui. Et quand, par hasard, il le voyait venir de loin, il filait aussitôt dans une autre direction. Au début, ni François ni les autres frères ne prirent garde à l'attitude de Rufin. Ils avaient tous une idée très haute de leur frère. Ils savaient que c'était un homme de profonde oraison. Et François leur avait appris à respecter les desseins particuliers du Seigneur sur chacun d'eux. Lui-même se serait bien gardé de troubler l'action de Dieu dans une âme.

Mais un jour, au détour d'un sentier dans la forêt, François se trouva face à face avec Rufin. Celui-ci ne s'attendait pas du tout à cette rencontre. Il fit immédiatement volte-face et, comme une bête apeurée, il prit la fuite en s'enfonçant dans les bois. François étonné l'appela à plusieurs reprises, mais en vain. Cette fuite de Rufin lui ouvrit les yeux. Ce ne pouvait pas être l'Esprit du Seigneur qui le faisait fuir de la sorte, mais bien plutôt le Malin qui cherche toujours à séparer l'homme de ses frères pour le faire tomber plus facilement. Ainsi pensait François.

Aussi, quelques jours plus tard, après avoir longuement prié, François envoya-t-il Léon chercher Rufin.

— Qu'ai-je affaire avec frère François ? rétorqua Rufin à Léon. Je ne veux plus le suivre. J'en ai assez de ses fantaisies. Maintenant, je veux mener une vie solitaire dans laquelle je pourrai me sauver plus sûrement qu'en suivant les niaiseries de frère François.

— Que dis-tu là, frère Rufin ! s'exclama Léon qui n'en croyait pas ses oreilles.

— Ce que je dis te scandalise ! dit Rufin. Eh bien ! sache que François n'est pas l'homme de Dieu que tu crois. J'en ai maintenant la preuve et la certitude. Depuis des mois, il se traîne lamentablement, sans ressort, sans volonté, sans joie. Est-ce là vraiment l'attitude d'un saint ? Certainement pas. Il s'est trompé et il nous a trompés. Ainsi, tu t'en souviens, le jour où il m'a obligé au nom de l'obéissance à aller prêcher sans tunique, à demi-nu, dans l'église d'Assise, crois-tu qu'il était inspiré de Dieu ? Ce n'était là qu'une fantaisie de sa part, une grossière fantaisie entre mille autres. Eh bien ! ce temps-là est révolu pour moi. Il ne m'enverra plus prêcher ni soigner les lépreux. Le Seigneur m'a montré quelle voie je devais suivre.

— Mais qui donc a pu te mettre toutes ces idées-là dans la tête ? demanda Léon, atterré. Si Dieu te donnait d'éprouver, ne fût-ce qu'un seul instant, tout ce qu'endure notre Père dans son âme et dans son corps, sur-le-champ tu crierais grâce. Pour tenir comme il tient au milieu de si grandes souffrances, il faut vraiment que Dieu le soutienne. Il faut qu'il ait en lui la force même de Dieu. Réfléchis un peu à cela.

— C'est tout réfléchi, répliqua Rufin. Dieu lui-même m'a parlé. Je sais désormais à quoi m'en tenir au sujet du fils de Pierre Bernardone.

— Non, non, ce n'est pas possible, protesta Léon, complètement bouleversé. Tu ne vas tout de même pas abandonner notre Père. Ce serait courir à ta perte. Et, pour lui, quel coup mortel ! Je t'en supplie, Rufin, par l'amour de Notre Seigneur Jésus-Christ, quitte ces pensées et reviens vers nous. Nous avons tous besoin de toi. Le démon le sait bien. C'est pourquoi il s'acharne à te séduire.

— Va ! frère Léon, interrompit brusquement Rufin. Ne m'importune pas davantage. Ma voie est toute tracée par le Seigneur lui-même. Qu'on me laisse tranquille ! C'est tout ce que je demande.

Léon revint vers François et lui raconta son entrevue avec Rufin. François vit alors le grave danger que courait celui-ci et il se demanda comment il allait pouvoir le sauver. Il laissa quelques jours se passer.

Puis de nouveau, il envoya Léon chercher Rufin. Mais Léon se heurta à la même obstination et au même refus. Il dut revenir sans plus de succès.

— Hélas ! c'est ma faute, dit alors François à Léon. Je n'ai pas été suffisamment attentif. Je n'ai pas su l'attirer vers moi. Je n'ai pas su souffrir comme il le fallait, en attirant les autres à moi, comme le Seigneur Jésus lui-même a souffert.

— Jésus aussi a été abandonné par les siens, au moment de son agonie et de sa passion, lui fit remarquer Léon.

— Oui, c'est vrai, dit François après un instant de silence. « Je frapperai le pasteur, est-il écrit, et les brebis seront dispersées. » Dieu a permis cela pour son Fils. Le disciple ne doit pas prétendre être au-dessus du Maître.

Il se tut et demeura quelques secondes absorbé dans ses pensées. Léon le regardait, ne sachant que dire.

— Ah ! frère Léon, lui dit alors François, c'est vraiment l'heure des ténèbres. C'est affreux. Je ne pensais pas que c'était si affreux. Laisse-moi tout seul à présent, frère Léon. J'ai besoin de crier vers Dieu.

Léon se retira.

— Seigneur Dieu, dit alors François, tu as soufflé ma lampe. Et voici que je suis plongé dans les ténèbres et, avec moi, tous ceux que tu m'avais donnés. Je suis devenu pour eux un objet d'épouvante. Ceux-là même qui m'étaient le plus attachés me fuient. Tu as éloigné de moi mes amis, mes compagnons de la première heure. Ah, Seigneur, écoute ma prière ! La nuit n'a-t-elle pas assez duré ? Allume en mon cœur un feu nouveau. Tourne vers moi ton Visage et que la lumière de ton aurore resplendisse de nouveau sur ma face, afin que ceux qui me suivent ne marchent pas dans les ténèbres. Aie pitié de moi à cause d'eux.

Non loin, un paquet de neige glissa du haut d'un arbre. On entendit un craquement de branches, puis un bruit mat sur le sol. Et tout rentra dans le grand silence.

6. Est-ce l'aube qui blanchit ?

Au printemps, dès que les chemins furent de nouveau praticables, François se mit en route pour aller voir sœur Claire. Il avait fini par céder aux instances de frère Léon. L'hiver qu'il venait de passer à l'ermitage avait été le plus pauvre en soleil de toute sa vie. Et cependant, en quittant la petite montagne, il ne lui disait pas adieu. Il se promettait bien d'y revenir le plus tôt possible. Avec Léon, son compagnon habituel de route, il descendit les pentes boisées qui déjà se couvraient de jeunes pousses vertes. Et par-delà les collines toutes luisantes d'eau et de soleil, il gagna la route qui mène à Saint-Damien.

La joie de Claire fut grande quand on lui annonça que François était là. Mais lorsqu'elle vit son visage amaigri et terreux où se lisait une immense souffrance, elle fut saisie de pitié et de tristesse.

— Oh ! Père, fit-elle doucement, comme vous avez dû souffrir ! Pourquoi avez-vous donc tardé si longtemps à venir nous voir ?

— La tristesse, lui répondit François, m'accablait et me paralysait. J'ai souffert terriblement. Et ce n'est pas encore fini.

— Pourquoi, Père, vous attrister à ce point ? Vous voyez bien que cela vous fait mal. Et nous avons tant besoin, nous autres, de votre paix et de votre joie.

— Je ne m'attristerais pas tant, répondit François, si le Seigneur ne m'avait confié cette grande famille. Et si je ne me sentais pas responsable de garder mes frères dans la fidélité à leur vocation.

— Oui, je comprends, dit Claire, qui voulait lui éviter d'entrer dans des explications trop pénibles.

Mais François désirait parler. Il avait le cœur si lourd. C'était pour lui un soulagement que de s'exprimer librement.

— Aujourd'hui, reprit-il, notre vocation est remise en question. Certains frères regardent avec envie vers des formes de vie religieuse plus organisées, plus puissantes et mieux installées. Ils voudraient que nous les adoptions. Je crains qu'ils ne soient poussés en cela par la peur de paraître moindres que les autres. Ils sont avides de se tailler une place au soleil. Quant à moi, je n'ai rien contre ces formes de vie religieuse que la sainte Église approuve. Mais le Seigneur ne m'a pas appelé à fonder un Ordre puissant, une université ou une machine de guerre contre les hérétiques. Un Ordre puissant vise un but précis. Il a quelque chose à faire ou à défendre, et il s'organise en conséquence. Il faut qu'il soit fort pour être efficace. Mais le Seigneur ne nous a pas demandé, à nous frères mineurs, de faire ou de réformer ou de défendre quoi que ce soit dans la sainte Église. Lui-même m'a révélé que nous devions vivre selon la forme du saint Évangile. Vivre, oui, simplement vivre. Cela seulement, mais pleinement. En suivant l'humilité et la pauvreté du Très Haut Seigneur Jésus-Christ, en laissant de côté toute volonté de domination, tout souci d'installation et de prestige et jusqu'à tout vouloir particulier. Durant ma retraite sur la montagne, cet hiver, j'ai beaucoup réfléchi à cela. Et c'est devenu pour moi une évidence : cette vie selon la forme de l'Évangile est telle qu'on ne peut lui appliquer les principes d'organisation des autres Ordres, sans du même coup la détruire. Elle ne se laisse pas tailler et régler de l'extérieur. Cette vie évangélique, si elle est vécue d'une manière authentique, doit jaillir librement et trouver sa loi en elle-même. Certains frères me demandent une règle plus précise, plus déterminée. Mais je ne puis leur dire autre chose que ce que je leur ai déjà dit et que le Seigneur Pape a pleinement approuvé, à savoir que la règle et la vie des Frères Mineurs consistent à observer le saint Évangile de Notre Seigneur Jésus-Christ. A cela, aujourd'hui encore, je n'ai rien à ajouter ou à retrancher. Que les frères vivent donc dans la condition humble et pauvre qui fut celle du Seigneur, qu'ils annoncent comme lui le Royaume de Dieu à toute créature et, si on les chasse ou les persécute dans un endroit, qu'ils aillent dans un autre. Et partout où ils seront reçus, qu'ils mangent de tout ce qu'on leur offre. Les frères qui vivront ainsi ne constitueront sans doute pas un Ordre puissant, mais ils formeront partout où ils passeront de libres communautés d'amis. Ils seront de vrais fils de l'Évangile. Ils seront des hommes libres parce que rien ne limitera leur horizon. Et l'Esprit du Seigneur soufflera en eux comme il veut.

Claire écoutait, profondément émue. Elle cachait avec peine son émotion. Ce qu'elle entendait là trouvait en elle un écho si profond ! Et ce qu'elle voyait achevait de la bouleverser. François, en parlant, s'était animé. Cet homme chétif, malingre, qui n'avait plus aucune apparence, rayonnait en ce moment d'une beauté surhumaine. Ce qu'il disait prenait un accent de force et de grandeur. Une grande passion le soulevait et l'illuminait. C'était un prophète qui parlait.

Volontiers Claire se serait contentée d'admirer et d'approuver. Mais elle ne pouvait oublier qu'en ce moment elle avait un rôle important à jouer. L'extraordinaire grandeur dans laquelle François apparaissait alors faisait ressortir encore davantage la souffrance qui le hantait ! Claire le laissait parler parce qu'elle voyait que cela le soulageait. Mais, tandis qu'elle l'écoutait, elle ne cessait de se demander comment elle pourrait le prendre par la main et le remettre dans le chemin de la paix.

François, lui, tout entier pris par son sujet, ne sentait plus ses brûlures d'yeux et d'estomac. Il avait l'impression de revivre. Toutes ses souffrances étaient absorbées par la passion qui l'animait. Volontiers, il aurait alors entrepris de parcourir toute la terre pour voir se réaliser la volonté du Seigneur à son sujet. Il comptait sans ses forces physiques. Celles-ci ne soutenaient plus la flamme qui le consumait. Tandis qu'il parlait encore, il se sentit soudain envahi par une très grande fatigue. Et, avec celle-ci, réapparut bientôt dans son âme l'abattement. Alors les papillons noirs se remirent à danser devant ses yeux.

— Hélas ! poursuivit-il après un court moment de silence, je suis comme un père rejeté par ses propres enfants. Ils ne me reconnaissent plus. Ils rougissent de moi. Ma simplicité leur fait honte. Que le Seigneur ait pitié de moi, sœur Claire !

— Tous vos enfants ne vous ont pas rejeté, reprit doucement Claire. Et Dieu vous tient toujours par la main.

— Dieu ! soupira douloureusement François. Quand je me présente devant lui dans la solitude, maintenant, j'ai peur et je tremble. Si seulement je savais ce que je dois faire !

— Il n'y a peut-être rien à faire, repartit Claire.

Il y eut un moment de silence. Puis Claire reprit :

— Vous savez ce que le Seigneur dit dans l'Évangile : « Il en est du Royaume des cieux comme d'un homme qui a semé du bon grain dans son champ... » Le blé a levé, mais l'ivraie aussi. Et les serviteurs sont venus demander à leur maître s'ils ne devaient pas s'employer activement à arracher l'ivraie. « N'en faites rien, leur fut-il répondu. Vous risqueriez de tout arracher, et l'ivraie et le blé. Laissez-les donc croître ensemble jusqu'à la moisson. »

« Dieu ne partage pas nos craintes, ni notre fierté, ni notre impatience. Il sait attendre comme seul Dieu sait attendre. Comme seul un père infiniment bon sait attendre. Il est longanime, miséricordieux. Il espère toujours. Jusqu'à la fin. Peu lui importe que des tas d'ordure s'amoncellent dans son champ et que cela ne soit pas beau à voir si, à la fin du compte, il ramasse beaucoup plus de blé que d'ivraie. Nous autres, nous avons de la peine à penser que l'ivraie puisse un jour se changer en blé et donner de beaux grains roux et dorés. Les paysans nous diront qu'ils n'ont jamais vu pareille métamorphose s'opérer dans leurs champs. Mais Dieu, qui ne regarde pas aux apparences, sait qu'avec le temps de sa miséricorde, il peut changer le cœur des hommes.

« Il y a un temps pour tous les êtres. Mais ce temps n'est pas le même pour tous. Le temps des choses n'est pas celui des bêtes. Et celui des bêtes n'est pas celui des humains. Et par-dessus tout et différent de tout, il y a le temps de Dieu qui enferme tous les autres et les dépasse. Le cœur de Dieu ne bat pas au même rythme que le nôtre. Il a son mouvement propre. Celui de son éternelle miséricorde qui s'étend d'âge en âge et ne vieillit jamais. Il nous est très difficile d'entrer dans ce temps divin. Et cependant, là seulement nous pouvons trouver la paix.

— Vous avez raison, sœur Claire. Mon trouble et mon impatience partent d'un fonds trop humain. Je le vois bien. Mais je n'ai pas encore découvert Dieu. Je ne vis pas encore dans le temps de Dieu.

— Qui oserait prétendre qu'il vit dans le temps de Dieu ? demanda Claire. Il faudrait pour cela avoir le cœur même de Dieu.

— Apprendre à vivre dans le temps de Dieu, reprit François, c'est sans doute là le secret de la sagesse !

— Et la source d'une très grande paix, ajouta Claire.

Il y eut à nouveau un moment de silence. Puis Claire reprit :

— Je suppose que l'une des sœurs de cette communauté vienne s'accuser d'avoir cassé quelque objet par suite d'une maladresse ou d'un manque d'attention, je lui ferais sans doute une observation et je lui donnerais une pénitence, comme il est d'usage. Mais si elle venait me dire qu'elle a mis le feu au monastère et que tout est brûlé ou presque, je crois qu'à ce moment-là je n'aurais rien à lui dire. Je me trouverais devant un événement qui me dépasse. La destruction du monastère, c'est là vraiment une trop grosse affaire pour que j'en sois troublée profondément. Ce que Dieu lui-même a bâti ne saurait tenir à la volonté ou au caprice d'une créature. C'est autrement solide.

— Ah ! si seulement j'avais la foi gros comme un grain de sénevé ! soupira François.

— Vous diriez à cette montagne : « Ôte-toi de là », et la montagne s'évanouirait, ajouta Claire.

— Oui, c'est bien cela, approuva François. Mais, à présent, je suis devenu comme un aveugle. Il faut que quelqu'un me prenne par la main et me conduise.

— On n'est pas aveugle quand on voit Dieu, répliqua Claire.

— Hélas ! fit François. Dans ma nuit, je tâtonne et je ne vois rien.

— Mais Dieu vous conduit malgré tout.

— Je le crois, malgré tout.

On entendait les oiseaux chanter dans le jardin. Au loin, dans la plaine, un âne jeta son braiment. Une cloche se mit à tinter distinctement.

— L'avenir de cette grande famille religieuse que le Seigneur m'a confiée, reprit François, c'est assurément une trop grande affaire pour que cela dépende de moi seul et que je m'en préoccupe au point d'en être troublé. C'est aussi et surtout l'affaire de Dieu. Vous l'avez bien dit. Mais priez afin que cette parole germe en moi comme une semence de paix.

François resta quelques jours à Saint-Damien. Grâce aux soins de Claire, il reprit un peu de force. Dans la paix de ce couvent et la douce lumière du printemps ombrien, François semblait avoir donné congé à ses soucis et à ses inquiétudes. Il écoutait avec plaisir le chant des alouettes. Il les cherchait du regard dans l'azur immense et profond où elles se perdaient. La nuit, retiré dans une hutte au fond du jardin, il passait ses moments d'insomnie à regarder par la petite fenêtre le firmament tout scintillant d'étoiles. Jamais les étoiles ne lui avaient paru si belles. Il lui semblait les découvrir pour la première fois. Elles brillaient claires et précieuses dans le grand silence nocturne. Rien ne les troublait. Sans doute appartenaient-elles au temps de Dieu. Elles n'avaient ni volonté ni mouvement propres. Elles obéissaient simplement au rythme de Dieu. C'est pourquoi rien ne pouvait les troubler. Elles étaient dans la paix de Dieu.

Cependant François songeait à regagner l'ermitage.

Il pensait à ses frères qu'il avait laissés là-haut. A frère Rufin surtout, qu'il savait en grave danger. La fête de Pâques était maintenant toute proche. Il avait hâte de rentrer pour se retrouver avec ses frères et célébrer avec eux le Christ ressuscité.

Au moment du départ, Claire dit à François :

— Consentiriez-vous à nous faire plaisir ? Il s'agit de peu de chose. Les sœurs ont recueilli de la graine de fleurs, l'automne dernier. Ce sont de très jolies fleurs ; et elles poussent très facilement. En voici un sachet. Prenez-les et semez-les là-haut sur la montagne.

Claire savait que François aimait beaucoup les fleurs. Et elle pensait que cela l'aiderait à chasser de son cœur les plantes amères.

— Je vous remercie, dit François en prenant le sachet de graines. Vous me faites plaisir. Je les sèmerai.

Et avec Léon, il prit congé de Claire et de ses sœurs.

La route du retour parut moins longue à François. Il allait d'un pas alerte. D'une manière presque imperceptible, quelque chose en son être s'était remis en mouvement. Il continuait de souffrir, sans doute. Mais ce n'était plus de la même façon. Sa souffrance était devenue moins âpre. Souvent, sur la route, lui revenait en mémoire la parole de Claire : « La destruction du monastère, c'est là vraiment une trop grosse affaire pour que j'en sois troublée profondément. » Et cela versait dans son âme un peu de sérénité.

Après avoir longuement marché, François et Léon quittèrent la route et reprirent le sentier qui grimpait sous les hêtres et les chênes et conduisait à l'ermitage. Partout le printemps avait fait éclosion. Les grands arbres dépliaient leur feuillage tout neuf. Et sur le vert tendre et doré des feuilles, les rayons du soleil jouaient au milieu du chant des oiseaux. De la terre humide et tiède des sous-bois montait une bonne odeur de mousses, de feuilles mortes et de violettes en fleurs. Partout perçaient gaiement des touffes de petits cyclamens rouges. Tout cela aussi sans doute vivait et reposait dans le temps de Dieu, le temps des origines. La terre avec sa vie secrète ne s'était pas écartée de ce temps, pas plus que les étoiles du ciel. Les grands arbres dans la forêt épanouissaient leur feuillage au souffle de Dieu, tout comme aux premiers jours de la création. Avec le même léger frémissement. Seul, l'homme était sorti de ce temps des origines. Il avait voulu tracer sa route et vivre dans son temps à lui. Et, depuis, il ne connaissait plus de repos, mais seulement l'ennui, le trouble et la précipitation vers la mort.

A un endroit, le sentier que suivaient François et Léon coupait un chemin que les paysans de la montagne et des hameaux environnants empruntaient lorsqu'ils descendaient ou montaient avec leurs charrettes. L'un d'eux justement descendait à ce moment-là. Il marchait à côté de deux grands bœufs blancs, attelés à une voiture. Petit, trapu, le teint rougeaud et le regard bon enfant, c'était Paolo. Il habitait un hameau que les frères de l'ermitage visitaient assez fréquemment dans leur tournée de quête. C'était un bien brave homme, très dévoué aux frères. Mais il lui arrivait de boire un peu plus que son compte. Chez lui, sa femme veillait au grain. Elle avait l'œil. Aussi lorsqu'il avait l'occasion de descendre au village, y allait-il de bon cœur, un peu comme à la fête.

— Bonjour ! s'écria-t-il, en apercevant les deux frères.

— Bien le bonjour ! Paolo, répondit Léon qui le reconnut tout de suite.

— C'est toujours un plaisir pour moi de rencontrer les « frati », dit le paysan, en s'arrêtant avec ses bœufs.

— Alors, on descend au village, Paolo ? demanda Léon.

— Eh oui ! il le faut bien, répondit le paysan en hochant les épaules. Il y a mes bœufs qui ont besoin d'être ferrés. Il y a aussi ma charrette qui a besoin d'être réparée. Et puis, ajouta-t-il avec un air enjoué et entendu, il y a moi qui ai besoin d'un petit coup de bon vin.

Cette déclaration toute simple et la bonhomie du personnage amusèrent François qui se mit à rire.

— Allons ! Paolo, dit-il, c'est bien, tu es sincère au moins. Un petit coup de bon vin, ça ne peut pas te faire de mal. Mais attention ! sois sage. Il ne faut pas trop les multiplier.

Le paysan riait de bon cœur. Soudain, fixant attentivement François, il prit un air grave.

— Mais, n'est-ce pas toi le frère François ? demanda-t-il. Les frères de l'ermitage, qui viennent à la quête chez nous, nous ont dit que le frère François vivait avec eux là-haut, à présent, sur la montagne.

— C'est moi, répondit simplement François.

— Eh bien ! dit le paysan sur un ton presque confidentiel et en lui tapant amicalement sur l'épaule, tâche d'être aussi bon qu'on le dit ! Beaucoup de gens ont mis leur confiance en toi ; il ne faut pas les décevoir.

— Dieu seul est bon, Paolo, repartit François. Pour moi, je ne suis qu'un pécheur. Écoute bien ceci, cher ami : si le dernier des vauriens avait reçu autant de grâces que j'en ai reçues, il me dépasserait de cent coudées par sa sainteté.

— Et moi, reprit le paysan en plaisantant, est-ce que je puis devenir un saint ?

— Mais certainement, Paolo. Toi aussi tu es aimé

de Dieu. Tout comme moi. Il te suffit de croire à cet amour pour voir ton cœur se changer.

— Ah ! nous autres, nous sommes bien loin de toutes ces choses, répondit le paysan. Il faudra venir nous voir. Nous en avons bien besoin. Allez ! à bientôt, je l'espère.

Et, d'une main, il donna une tape sur la croupe de ses bœufs pour les faire avancer, tandis que, de l'autre, il faisait un signe d'adieu aux frères.

François et Léon arrivèrent bientôt au sommet de la première colline d'où ils pouvaient voir surgir devant eux la petite montagne. Celle-ci avait maintenant retrouvé son aspect verdoyant. Elle se dressait dans une lumière très pure sous un ciel d'un bleu intense. A l'entour, les petites vallées recouvertes d'oliviers ressemblaient à des chemins de verdure, qui allaient en se resserrant entre les pentes sèches des montagnes. Çà et là, des parterres de narcisses jaunes éclataient au soleil comme des taches d'or. Là-bas, barrant l'horizon, la chaîne des monts découpait dans l'azur ses masses arrondies, toutes ruisselantes de soleil.

— Que c'est beau ! s'écria soudain François. Et dans quelques jours, sur tout cela, resplendira la gloire du Seigneur ressuscité. N'entends-tu pas, frère Léon, le murmure immense de toute la création qui, dans ses profondeurs, s'entraîne à chanter l'alléluia de Pâques ?

7. Une alouette chante sur les labours

L'on était entré dans la semaine sainte. Toute la Chrétienté s'apprêtait à célébrer solennellement le mystère de la mort et de la résurrection du Seigneur. Les travaux s'arrêtaient. On faisait taire les querelles. Et le peuple vaquait librement aux offices liturgiques. Cela faisait partie de la vie, comme le travail et les querelles, mais plus profondément encore. Les hommes avaient besoin de se laver dans le sang du Christ. C'était un besoin presque physique de renouvellement, de rajeunissement et de résurrection. Jusque dans les villages les plus reculés, partout où il y avait un prêtre, la terre chrétienne buvait avidement le sang du Seigneur et se laissait pénétrer d'une nouvelle pureté et d'une nouvelle vigueur. Alors la Chrétienté reverdissait, elle connaissait un nouveau printemps.

A l'ermitage, on se préparait aussi à célébrer la Pâque. Là, pareillement, les hommes éprouvaient le besoin de se refaire à neuf. Le Jeudi-Saint, François invita ses frères à venir célébrer ensemble la Cène du Seigneur ; ils communieraient tous au même sacrifice ; après quoi, ils participeraient à un repas fraternel.

En faisant cette invitation, François pensait surtout au frère Rufin. Durant tout le Carême, celui-ci s'était tenu à l'écart de la communauté. Frère Léon alla le trouver pour lui faire part de l'invitation de François.

— Dis au frère François que je n'irai pas, lui répondit Rufin. Du reste, je ne veux plus le suivre. Je veux demeurer ici solitaire. Je me sauverai plus sûrement ainsi qu'en faisant les caprices de frère François. Le Seigneur lui-même m'en a assuré.

Lorsque François apprit cela, il en fut profondément attristé. Il envoya sur-le-champ frère Sylvestre auprès de Rufin pour le décider à venir. Mais celui-ci s'obstina dans son refus.

Il fallut donc commencer la célébration de la sainte Messe sans lui. Cette absence, cependant, torturait François. Avant l'élévation de l'Eucharistie, il dépêcha un troisième frère vers Rufin.

— Va lui dire de venir au moins voir le Corps du Christ !

Mais Rufin ne broncha pas plus que le rocher où il s'était enfoncé.

Après la communion, ne pouvant contenir sa tristesse, François se retira à l'écart pour pleurer.

— Jusques à quand, Seigneur, gémissait-il, laisserez-vous errer ma brebis si simple ?

Puis, soudain, il se leva et alla personnellement trouver Rufin dans sa retraite. Lorsque celui-ci aperçut la silhouette de François, il fut saisi. Mais il ne fit aucun mouvement.

— Pourquoi, frère Rufin, m'as-tu causé cette grande peine ? Trois fois, je t'ai fait appeler, et chaque fois tu as refusé de venir. En un tel jour ! Pourquoi ? Dis-moi pourquoi, suppliait François.

Il n'y avait pas dans ses paroles l'ombre d'un reproche. C'était l'angoisse d'une mère qui parlait. Tout son être, en cet instant, se tendait vers Rufin. Retenant son souffle, il guettait anxieusement la moindre expression sur le visage de son frère. Que n'eût-il fait pour aider celui-ci à s'ouvrir ?

— Je te l'ai fait savoir, pourquoi, répondit Rufin sur un ton mi-bourru mi-gêné. Il me semble plus sûr de suivre la vie des anciens ermites que tes fantaisies.

Si je t'écoutais, je serais continuellement distrait de la vie d'oraison. C'est ce qui est arrivé dans le passé, quand tu m'envoyais prêcher ici ou là, ou soigner les lépreux. Non, ce n'est pas cela que le Seigneur veut de moi. Ma grâce à moi, c'est l'oraison dans la solitude. Loin des hommes, loin de tout.

— Mais en ce jour où le Seigneur lui-même a désiré d'un grand désir manger la Pâque avec ses frères, tu ne peux tout de même pas nous refuser ce plaisir de venir manger avec nous, lui dit François.

— Je t'assure que je n'en vois pas l'utilité. Je préfère rester seul, comme le Seigneur me l'a appris.

— Le Seigneur est là où sont tes frères, répliqua doucement François. Allons, frère Rufin, par la charité qu'est Dieu même, je t'en supplie, fais-moi ce plaisir. Tous tes frères t'attendent. Ils ne peuvent commencer sans toi.

— Eh bien ! soit, dit Rufin en se levant brusquement. J'irai puisque tu y tiens tellement.

Et il ajouta en bougonnant :

— Mais je ne renonce pas à mon projet. Je reviendrai ici le plus tôt possible.

Durant le repas, François se montra très détendu. Il avait placé Rufin près de lui et il lui parlait amicalement comme si rien ne s'était jamais passé. Comme si Rufin avait été là réellement, non seulement de corps, mais de cœur. A aucun moment, l'idée ne lui vint de lui faire la leçon. Du reste, il n'avait jamais su faire la leçon à qui que ce fût. Il avait trop conscience de sa misère. Et surtout il était trop simple. Ses paroles, ses attitudes ne lui étaient pas dictées de l'extérieur. Il vivait profondément, intensément. Et cette plénitude de vie et de bonté se répandait au dehors, sans aucune préméditation, en suivant son rythme propre.

Rufin fut touché par cet accueil. Beaucoup plus qu'il ne le laissait paraître. Mais il avait son idée. Il ne voulait pas la lâcher. D'ailleurs, n'était-elle pas de Dieu ! Il fallait donc la suivre, jusqu'au bout. Il prit congé des frères d'une manière assez brusque, le visage sombre et fermé. François le regarda s'éloigner, sans rien dire. Il ne le quittait pas des yeux, espérant jusqu'au dernier instant qu'il aurait un regard en arrière. Si Rufin s'était retourné à ce moment, il eût vu deux bras se tendre vers lui. Deux bras immenses qui ne pouvaient se détacher de lui, qui l'accompagnaient et le soutenaient jusque dans son égarement. Mais Rufin disparut. Et François resta encore un long moment à regarder. Puis les bras lui tombèrent, lourds de tristesse. Il s'était réjoui un instant d'avoir pu ramener Rufin au milieu de ses frères. Il mesurait maintenant combien cette conquête était précaire. Son enfant lui tournait le dos. Il lui échappait. Pour combien de temps encore ?

François alla s'asseoir au pied d'une roche. Le

coucou chantait dans les bois. L'air était tiède et doré. Mais François ne voyait pas le soleil. Il n'entendait pas le coucou. Il avait froid. Il pensait à frère Rufin et aux autres. A tous les autres. Si l'un des premiers compagnons, comme Rufin, pouvait se détourner de vous aussi facilement, quelle fidélité pouvait-on attendre de toute cette foule de frères qui vous connaissaient à peine ? La plaie de son âme, que Claire avait pansée, s'était soudain rouverte et elle saignait. Quinze années d'efforts, de vigilance et d'exhortations, pour aboutir à cela ! Il avait travaillé en vain. C'était un échec, un dur échec. Il ne le ressentait pas comme une atteinte à son honneur personnel. Mais comme une offense à Dieu. A l'honneur de Dieu.

Le lendemain, le Vendredi-Saint, François voulut passer cette journée dans la solitude, à méditer la Passion de Jésus. Il avait choisi pour cela un endroit sauvage dont l'austérité était à l'unisson du grand sujet qui emplissait son âme. Désireux d'entrer dans les sentiments du Seigneur, il se mit à dire lentement le psaume que Jésus avait récité sur la Croix. Il s'arrêtait à chaque verset. Tout le temps qu'il fallait pour que la Parole tombât au fond de lui-même. Devant la Parole, il était, comme toujours, sans défense. Il la laissait venir à lui et peser sur lui de tout son poids. Mais finalement, c'était elle qui chaque fois l'avait soulevé et porté.

Or, tandis qu'il disait les paroles : « Mon Dieu, mon Dieu, pourquoi m'as-tu abandonné ? », il fut saisi comme jamais par ce sentiment de déréliction exprimé par le Seigneur lui-même. Il se sentit tout à coup un avec le Christ. Douloureusement un. Jamais encore, il n'avait compris ces paroles comme maintenant. Elles ne lui étaient plus étrangères. Depuis des mois, il recherchait le Visage de Dieu. Depuis des mois, il vivait avec l'impression que Dieu s'était retiré de lui et de son Ordre. L'agonie du Fils, il savait un peu ce que c'était, à présent : cette absence du Père, ce sentiment de l'échec et d'un déroulement fatal et absurde des événements où l'homme et sa volonté de bien sont balayés, écrasés par un jeu de forces inexorables.

La Parole du psaume pénétrait François lentement. Elle ne le rejetait pas sur lui-même. Elle ne l'enfermait pas dans sa souffrance. Elle l'ouvrait au contraire à celle du Christ par le plus profond de lui-même. Il lui semblait alors n'avoir jamais contemplé cette souffrance que de l'extérieur. Maintenant il la voyait du dedans. Il y participait. Il l'éprouvait comme une expérience personnelle. Jusqu'à la nausée. Cette fois, du moins, il était pleinement assimilé au Christ. Il y avait longtemps qu'il désirait imiter le Seigneur en tout. Depuis sa conversion, il s'y était efforcé sans relâche. Mais malgré tout cet effort, il le voyait bien en ce moment, il ne savait pas encore ce que c'était exactement que d'être rendu semblable au Seigneur. Ni jusqu'où cela pouvait aller. Comment aurait-il pu le savoir ? L'homme ne sait vraiment que ce qu'il expérimente. Suivre le Christ pieds nus, revêtu d'une seule tunique, sans bâton, sans bourse, sans provisions, c'était assurément déjà quelque chose. Mais ce n'était qu'un commencement, une mise en route. Il fallait le suivre jusqu'au bout. Et, comme lui, se laisser conduire par Dieu à travers un abîme de déréliction et goûter, dans une solitude atroce, à l'âpre mort du Fils de l'homme.

Cette journée du Vendredit-Saint fut épuisante. François la trouva très longue. Mais le soir vint, apportant sa paix. Une paix profonde, comme celle qui tombe lentement sur les labours quand le dur travail est terminé. La terre est retournée, brisée. Elle n'offre plus aucune résistance. Elle s'étend ouverte et docile. Et déjà la fraîcheur du soir la pénètre et l'imprègne. En revenant vers l'ermitage, François sentait peu à peu cette paix l'envelopper et l'envahir. Tout était consommé. Le Christ était mort. Il s'en était remis à son Père, dans un désistement radical. Il avait accepté l'échec. Sa vie humaine, son honneur humain, sa peine humaine elle-même, tout cela s'était effacé à ses yeux et avait cessé de compter. Il ne restait plus que cette seule réalité démesurée : Dieu est. Cela seul importait. Cela seul suffisait : que Dieu soit Dieu. Tout son être s'était courbé devant cette seule réalité. Il avait adoré l'Unique. Il était mort dans cette acceptation sans réserve. Dans cette extrême pauvreté et ce suprême accueil. Et la gloire de Dieu l'avait saisi.

Là-bas, au dessus des monts, le soleil baissait lentement. Ses rayons venaient frapper les bois où cheminait François. La forêt était traversée de grandes raies éblouissantes. Les arbres baignaient dans une vapeur de lumière. Il régnait un grand calme. Pas un souffle. L'heure était d'une majesté sereine.

— Dieu est, cela suffit, murmura François.

Dans un découvert, il regarda le ciel. Il était sans nuages. Un milan rouge planait. Son vol tranquille et solitaire semblait dire à la terre : « Dieu seul est Tout Puissant. Il est l'Éternel. Il suffit que Dieu soit Dieu. » François sentit son âme devenir légère. Puissante et légère à la fois, comme une aile.

— Dieu est, cela suffit, répéta-t-il.

Ces mots si simples le remplissaient d'une étrange clarté. Ils avaient pour lui une résonance infinie. François prêta l'oreille. Une voix l'appelait. Ce n'était pas une voix humaine. Elle avait un accent de miséricorde. Elle lui parlait au cœur :

— Pauvre petit homme ! disait la voix ; apprends donc que je suis Dieu et cesse à jamais de te troubler. Est-ce parce que je t'ai établi pasteur sur mon troupeau que tu dois oublier que je suis le berger principal ? Je t'ai choisi exprès, homme simple, pour qu'il soit manifeste aux yeux de tous que ce que je fais en toi ne relève pas de ton habileté, mais de ma grâce. C'est moi qui ai appelé. C'est moi qui garde le troupeau et le fais paître. Je suis le Seigneur et le Berger. C'est mon affaire. Ne te trouble donc pas.

— Dieu ! Dieu ! fit doucement François. Tu es protection. Tu es gardien et défenseur. Grand et admirable Seigneur. Tu es notre suffisance. Amen. Alléluia !

Son âme ruisselait de paix et d'allégresse. Et il marchait d'un pas heureux. Il dansait plutôt qu'il ne marchait.

Il arriva à un endroit d'où le regard pouvait s'étendre très loin sur la campagne. L'on dominait les collines avoisinantes et, au-delà, la plaine qui s'estompait à l'horizon. François s'arrêta un instant à contempler le paysage. Sur l'une des collines, un troupeau de vaches rentrait. Cela apparaissait assez minuscule, les bêtes et l'homme qui marchait derrière. Des chiens devaient tourner autour. Mais on les discernait mal. Seulement lorsque l'une des bêtes se détachait par trop du groupe, elle y était ramenée assez rapidement comme par une force invisible. L'homme devait crier et ses chiens aboyer ; à cette distance et à cette hauteur, on ne les entendait pas. La scène était muette. Elle apparaissait coulée, fondue dans la vie silencieuse de la nature. L'affairement de l'homme retrouvait dans cet ensemble ses justes proportions. Et c'était quelque chose de très petit. Presque insignifiant.

— Toi seul es grand, dit François.

Et il reprit sa marche. Le jour baissait. Le brouillard allait couvrir les ravins, et les étoiles s'allumer dans le ciel. Il en était ainsi, pensait François, depuis le commencement. Depuis qu'il y eut un soir. C'était l'image de la permanence de Dieu.

Il approchait de l'ermitage. Léon venait à sa rencontre.

— Tu as l'air gai, ce soir, lui dit Léon.

— Ce soir, il fait un grand ciel clair en moi, répondit François. Et une alouette invisible y chante éperdument la victoire du Seigneur.

Une heure plus tard, François était agenouillé dans le petit oratoire de l'ermitage. Il sentit que quelqu'un le tirait par la manche. Il regarda. Le visage de Rufin se penchait sur lui.

— Oh ! frère Rufin ! s'exclama François.

— Bonsoir, Père, dit Rufin avec un large sourire. J'aurais à te parler. Mais pas tout de suite. Dans quelques jours, si tu le veux bien.

— Quand tu voudras, lui répondit François. Tu sais bien que je suis toujours là. Mais, frère Rufin, on dirait que tu as retrouvé la joie !

— Oui, Père, je voulais te le dire dès ce soir, sans plus attendre. Le reste, je te le dirai plus tard.

— Dieu soit loué ! s'écria François en se levant d'un bond.

Et il l'embrassa.

8. Si nous savions adorer

Pâques fut célébré dans la joie à l'ermitage. Le frère Rufin avait retrouvé le chemin de la communauté. On le voyait épanoui comme jamais. Il cherchait toutes les occasions de rendre service. Le matin, c'était lui qui, maintenant, allait le premier à la source puiser la provision d'eau pour la journée. Il aidait à la cuisine et aux divers autres travaux. Il se proposa même d'aller à la quête ; ce qui, de sa part, était une chose vraiment extraordinaire. Il apparaissait comme un homme transformé. L'atmosphère de la petite communauté s'en trouvait très heureusement dilatée.

Le mercredi de Pâques, frère Rufin prit François à part et se mit à lui parler à cœur ouvert.

— Je viens te voir, Père, comme je te l'avais annoncé. Je sors d'une très mauvaise passe. Ça va déjà beaucoup mieux. Mais, je m'en rends compte à présent, j'ai failli perdre complètement le sens de ma vocation.

— Raconte-moi donc ce qui s'est passé, lui demanda François.

Rufin se tut un instant. Il soupira comme quelqu'un qui a trop de choses à dire et ne sait par où commencer. Les deux frères marchaient tranquillement sous les pins, non loin de l'ermitage. Ils avançaient sans bruit sur un épais tapis d'aiguilles sèches. Il faisait doux. Et une odeur de résine flottait dans l'air.

— Asseyons-nous là, dit François. Ce sera plus facile pour causer.

Ils s'assirent sur le sol. Alors Rufin commença à raconter.

— Quand je suis venu te demander de m'admettre au nombre de tes frères, il y a de cela déjà une douzaine d'années, j'étais poussé par le désir de vivre selon le saint Évangile, tel que je te le voyais pratiquer. J'étais alors très sincère. Je voulais vraiment suivre l'Évangile. Mes premières années dans la fraternité se passèrent sans trop de difficultés. Je m'appliquais avec zèle à faire tout ce que me semblait requérir cette vie nouvelle.

« Mais, au fond de moi-même, j'étais mené sans le savoir par une mentalité qui n'était pas évangélique. Tu sais dans quel milieu j'ai grandi. J'étais d'une famille noble. Par ma sensibilité, par mon éducation et par toutes les fibres vivantes de mon être, je tenais à ce milieu noble. Je sentais et je jugeais selon ce milieu, d'après les valeurs qui y sont habituellement honorées. En venant à toi et en adoptant ton genre de vie extrêmement humble et pauvre, je pensais avoir renoncé pour tout de bon à ces valeurs, je croyais vraiment m'être perdu pour le Seigneur.

« C'était vrai. Mais à la surface seulement. J'avais bien changé de genre de vie et d'occupations. Et pour moi le changement était grand. Mais, au plus profond de moi-même, sans m'en rendre compte, je conservais une grosse part de mon âme, la plus importante. Je gardais ma vieille mentalité, celle de mon milieu. Je continuais à juger des gens et des choses selon ce que j'avais vu faire chez moi, dans ma famille. Au château de mon père, recevoir les gens à la porte, travailler aux cuisines et aux autres offices, c'était l'affaire des domestiques et des valets. Devenu frère mineur, j'estimais pareillement que remplir l'office de portier ou de cuisinier, comme aussi d'aller à la quête ou soigner les lépreux, c'était s'abaisser à une condition inférieure. Malgré cela, j'acceptais volontiers ces offices. Pour m'humilier précisément. Je mettais même un point d'honneur à m'abaisser de la sorte.

Je pensais qu'en cela consistait l'humilité évangélique. J'étais entré dans l'Ordre avec cet esprit.

« Les années passèrent. Comme je n'avais pas d'aptitude pour la prédication, je me suis vu souvent réduit à remplir ces charges que je jugeais inférieures et viles. Puisque c'était mon devoir, je m'y obligeais. Je m'humiliais par devoir. Et vraiment j'en étais humilié.

« Il arriva ce qui devait arriver. J'en vins tout naturellement à penser que les autres frères, ceux qui allaient prêcher, me prenaient pour leur domestique. Ce sentiment ne fit que s'accroître lorsque des frères plus jeunes que moi et qui étaient issus d'un milieu tout à fait modeste entrèrent dans l'Ordre et allèrent eux-mêmes à la prédication, me laissant le soin de l'entretien matériel de la communauté. Si l'un d'eux me faisait une remarque ou simplement exprimait un désir, j'en étais troublé et irrité. Je ne disais rien, mais je bouillais intérieurement. Après coup, je me calmais et me reprenais. Je m'humiliais un peu plus. Toujours par devoir.

« Ainsi, je faisais tout par devoir. Je croyais que c'était cela, la vie religieuse. Mais ce n'était qu'un habit mal taillé dans lequel je m'efforçais d'entrer, sans pouvoir y demeurer. Dès que je le pouvais, je m'en libérais. Ma vie, ma vraie vie, était ailleurs. Elle était là où je me retrouvais moi-même. Chaque jour, en effet, je n'avais qu'une hâte, c'était d'en avoir fini avec ces vils emplois pour me réfugier dans la solitude.

Là, je me sentais de nouveau mon maître et je revivais. Puis le devoir me reprenait. Je m'obligeais une fois de plus à être le domestique de mes frères.

« Mais on s'use à ce régime. C'est fou comme on peut se tendre. Tout ce que je faisais par devoir, je le faisais sans cœur, comme un forçat qui traîne son boulet. Je perdais l'appétit et le sommeil. Je commençais la journée, fatigué. Et puis, j'en vins à prendre en grippe tous les frères. Je voyais en chacun d'eux un maître dont j'étais l'esclave. Je me sentais méconnu. Cela me révoltait. Je ne pouvais plus supporter personne. Je finis par être en révolte intérieurement contre tout le monde. Alors, dans ma naïveté, je crus très sincèrement que le Seigneur me voulait tout à lui dans une complète solitude. Je te demandai à cette époque la permission de me retirer dans cet ermitage. Puis, ici même, ce fut la crise terrible que tu connais. Voilà où j'en étais arrivé.

— Tout ce que tu me dis là ne m'étonne pas, lui dit alors doucement François. Tu te souviens du jour où je t'ai envoyé prêcher, malgré toi ! Je voulais te sortir de toi-même, de cet isolement où je sentais que tu t'enfermais.

— Oui, Père, je m'en souviens. Mais alors je ne pouvais pas comprendre. C'est curieux comme maintenant tout s'éclaire pour moi, répondit Rufin.

— Le Seigneur a eu pitié de toi, dit François. Il a ainsi pitié de chacun de nous. A son heure. Au moment où nous nous y attendons le moins. Nous éprouvons alors sa miséricorde. Il se fait connaître à nous de cette manière. Comme la pluie tardive qui couche la poussière du chemin.

— C'est bien vrai, remarqua Rufin. J'ai l'impression de commencer une nouvelle existence.

— Mais comment le Seigneur t'a-t-il ouvert les yeux ? demanda François.

— Le Jeudi-Saint, tandis que nous déjeunions tous ensemble, répondit Rufin, un frère rappela incidemment l'une de tes paroles : « Si une mère nourrit et chérit son fils selon la chair, à combien plus forte raison devons-nous nourrir et chérir nos frères selon l'esprit. » Je t'avais entendu souvent nous dire cela, mais sans y prêter attention. Et, à vrai dire, sans comprendre. Cette fois, ces paroles prirent pour moi un sens. J'en fus frappé. Et, de retour en cellule, je les méditai longuement.

« Dans une famille où il n'y a pas de domestiques, me disais-je, où les choses se passent naturellement, c'est la mère qui fait elle-même la cuisine, qui sert à table, entretient la maison et est dérangée à tout moment. Et elle trouve cela normal. Elle ne s'estime pas lésée pour autant. Elle n'a pas l'impression d'être abaissée à un rang inférieur. Elle ne se considère pas comme la domestique. Elle aime ses enfants et son mari. De là son entrain et son courage à les servir. Il arrive qu'elle soit fatiguée, très fatiguée même, mais pas révoltée. Et je pensais à telle famille de condition modeste que j'avais eu l'occasion de connaître d'assez près et où la mère, malgré toutes les difficultés de sa tâche, rayonnait de paix et de bonheur au milieu de ses fatigues.

« Je vis alors clairement que je faisais fausse route. Et que j'étais mené par une mentalité qui n'était pas évangélique. De là mon ressentiment. Je croyais avoir quitté le monde parce que j'avais changé d'occupations. J'avais oublié de changer d'âme. Cet instant fut pour moi un renversement complet de perspective. Je n'attendis pas davantage pour mettre à profit la lumière qui m'était donnée. Sur-le-champ, je courus me mettre au service de mes frères. Et, depuis, la lumière n'a fait que croître en moi. Et la paix aussi. Je me sens à présent libre et léger comme l'oiseau échappé de sa cage.

— Tu peux rendre grâce au Seigneur, lui dit François. Ce que tu viens de vivre là est vraiment une expérience. Tu sais maintenant ce qu'est un frère mineur, un pauvre selon l'Évangile : un homme qui, librement, a renoncé à exercer tout pouvoir, toute espèce de domination sur les autres, et qui cependant n'est pas mené par une âme d'esclave, mais par l'esprit le plus noble qui soit, celui du Seigneur. Cette voie est difficile. Peu la trouvent. C'est une grâce, une très grande grâce que le Seigneur t'a faite.

« Il n'y a pas, vois-tu, que les maîtres de ce monde à être conduits par la volonté de puissance et de domination. Les serviteurs le sont aussi qui n'acceptent pas librement leur condition de serviteurs. Cette condition est alors un joug pesant qui écrase l'homme et le fait suer de ressentiment. Ce joug n'est certes pas celui du Seigneur.

« Être pauvre, selon l'Évangile, ce n'est pas seulement s'obliger à faire ce que fait le dernier, l'esclave, c'est le faire avec l'âme et l'esprit du Seigneur. Cela change tout. Là où est l'esprit du Seigneur, le cœur n'est pas amer. Il n'y a pas de place pour le ressentiment. Lorsque j'étais encore dans le monde, je considérais comme la dernière des choses d'aller soigner les lépreux. Mais le Seigneur eut pitié de moi. Il me conduisit lui-même parmi eux et j'exerçai la miséricorde à leur égard. Quand je revins d'auprès d'eux, ce qui m'avait semblé si amer s'était changé pour moi en douceur pour l'âme et pour le corps. L'esprit du Seigneur n'est pas un esprit d'amertume, mais de douceur et d'allégresse.

— Cette expérience que je viens de vivre m'a appris, dit Rufin, combien il est facile de se faire illusion sur soi-même. Et comment on peut, sans vergogne, prendre pour une inspiration du Seigneur ce qui n'est qu'une impulsion de notre nature.

— Oui, l'illusion est très facile, dit François. Et c'est pourquoi elle est si fréquente. Il y a cependant un signe qui permet de la déceler à coup sûr.

— Lequel ? demanda Rufin.

— C'est le trouble de l'âme, répondit François. Quand une eau se trouble, il est manifeste qu'elle n'est pas pure. Il en est de même pour l'homme. Un homme que le trouble envahit laisse voir que la source d'inspiration de ses actes n'est pas pure, qu'elle est mélangée. Cet homme est mené profondément par autre chose que l'esprit du Seigneur. Tant qu'un homme a tout ce qu'il désire, il ne peut pas savoir si c'est vraiment l'esprit de Dieu qui le conduit. Il est si facile d'élever ses vices à la hauteur des vertus, et de se rechercher soi-même sous le couvert de buts nobles et désintéressés. Et cela avec la plus belle inconscience. Mais vienne une occasion où l'homme qui se ment ainsi à lui-même est contredit ou contrarié, alors le masque tombe. Il se trouble et s'irrite. Derrière l'homme « spirituel » qui n'était qu'un personnage d'emprunt, apparaît l'homme « charnel » : le vivant, tous ongles dehors, qui se défend. Ce trouble et cette agressivité révèlent que l'homme est mené par d'autres profondeurs que celles de l'esprit du Seigneur.

La cloche de l'ermitage tinta. C'était l'heure de l'Office. François et Rufin se levèrent et se dirigèrent vers l'oratoire. Ils y allaient tranquillement, comme des hommes libres.

Soudain, François saisit le bras de Rufin et l'arrêta.

— Écoute, frère, il faut que je te dise quelque chose.

Il se tut un instant, le regard baissé vers le sol. Il paraissait hésiter. Puis, regardant Rufin bien en face, il lui dit gravement :

— Avec l'aide du Seigneur, tu as surmonté ta volonté de domination et de prestige. Mais ce n'est pas seulement une fois, mais dix, vingt, cent fois qu'il te faudra la surmonter.

— Vous me faites peur, Père, dit Rufin. Je ne me sens pas taillé pour soutenir une telle lutte.

— Tu n'y parviendras pas en luttant, mais en adorant, répliqua François. L'homme qui adore Dieu reconnaît qu'il n'y a de Tout Puissant que lui seul. Il le reconnaît et il l'accepte. Profondément, cordialement. Il se réjouit que Dieu soit Dieu. Dieu est, cela lui suffit. Et cela le rend libre. Comprends-tu ?

— Oui, Père, je comprends, répondit Rufin.

Ils avaient repris leur marche tout en parlant. Ils n'étaient plus qu'à quelques pas de l'oratoire.

— Si nous savions adorer, dit alors François, rien ne pourrait véritablement nous troubler. Nous traverserions le monde avec la tranquillité des grands fleuves.

9. Il ne faut rien mépriser

A l'ermitage, il n'échappait à aucun des frères que François avait retrouvé la paix. Chacun d'eux, cependant, sentait bien que cette paix n'avait pas enlevé la souffrance du cœur de leur Père : elle l'avait seulement transfigurée. François ne donnait plus l'impression d'un homme écrasé. Son visage s'était à nouveau merveilleusement ouvert et éclairé. Souvent, dans la journée, on l'entendait chanter. Et cela faisait plaisir aux frères. Mais, pour eux, il restait l'homme qui revient des abîmes. Il s'était avancé vers Dieu aussi loin qu'un homme peut aller sans mourir. Il avait lutté avec l'Ange tout seul dans la nuit. Et il avait triomphé. Maintenant, il leur était rendu. Mais il portait la marque mystérieuse de cette lutte inégale. La lumière qui rayonnait à présent de son regard avait chassé de son visage toute trace d'ombre, elle ne parvenait pas toutefois à en effacer cette expression de gravité où se lisait la profondeur d'une âme que Dieu lui-même a creusée pour y habiter plus à l'aise.

François avait repris ses méditations solitaires. Dans les petits sentiers sous les pins, la lumière vive du printemps s'atténuait et se faisait extrêmement douce. Il aimait venir s'y recueillir et prier. Il ne disait rien ou presque. Sa prière n'était point faite de formules. Il écoutait surtout. Il se contentait d'être là et de prêter attention. On eût dit qu'il faisait le guet, comme un chasseur. Il vivait ainsi de longues heures d'attente, attentif au moindre mouvement des êtres et des choses qui l'entouraient, prêt à découvrir le signe d'une présence. Le chant d'un oiseau, le bruissement des feuilles, les acrobaties d'un écureuil et jusqu'à la lente et silencieuse poussée de la vie, tout cela ne parlait-il pas un langage mystérieux et divin ? Il fallait savoir écouter et comprendre, sans rien rejeter, sans rien troubler, humblement et dans le plus grand respect, en faisant silence en soi-même. A travers les pins, le vent soufflait doucement. Il fredonnait une belle chanson. Et François écoutait le vent lui parler. Le vent était devenu son grand ami. N'était-il pas, lui aussi, pèlerin et étranger en ce monde, sans toit, toujours errant et s'effaçant ? Pauvre entre les pauvres, il portait dans son dénuement les riches semences de la création. Il ne gardait rien pour lui. Il semait et il passait. Sans s'inquiéter où cela pouvait tomber, sans rien savoir du fruit de son travail. Il se contentait de semer et il le faisait avec prodigalité. Attaché à rien, il était libre comme l'espace immense. Il soufflait où il voulait, à l'image de l'Esprit du Seigneur, comme il est dit dans l'Écriture. Et tandis que François écoutait la chanson du vent, il sentait grandir en lui le désir d'avoir part à l'Esprit du Seigneur et à sa sainte activité. Et ce désir, au fur et à mesure qu'il l'envahissait, le remplissait d'une paix immense. Toutes les aspirations de son âme s'apaisaient en passant dans ce suprême désir.

Un soir, rentrant de la quête, le frère Sylvestre raconta à François que, dans une ferme où il était passé, il s'était attardé à consoler une pauvre maman dont le bébé était gravement malade. L'enfant ne gardait plus aucune nourriture ; il vomissait presque tout ce qu'il absorbait et il s'amaigrissait de façon inquiétante. La mère voyait son petit dépérir de jour en jour sans pouvoir faire quelque chose pour le sauver. C'était pour elle un déchirement. Elle avait déjà perdu un enfant deux ans auparavant, dans des conditions semblables. Elle était découragée et pleurait. Cela faisait peine à voir.

— J'irai voir cette pauvre femme, dit simplement François.

Et le lendemain matin, il partit tout seul à travers les bois et les champs. La petite ferme faisait partie d'un hameau. Elle était facilement reconnaissable.

« Une basse toiture aux ailes de chaume, la plus pauvre et la plus misérable », avait dit le frère Sylvestre.

Dans la petite cour pleine de soleil, un chien famélique accueillit François, il vint à lui en jappant et il n'eut de cesse qu'il n'eût collé son museau humide sur sa main. La porte de la masure était ouverte. François franchit le seuil, en adressant son salut habituel, celui que le Seigneur lui avait appris : « Paix à cette maison. » Une silhouette de femme sortit de l'obscurité de la pièce et s'approcha de l'entrée. Dès qu'il put discerner les traits de son visage, François reconnut sans peine la mère de l'enfant malade. Son air encore jeune, mais si désolé et si las, ne laissait place à aucun doute.

— J'ai appris, dit François, par le frère Sylvestre, que vous aviez un enfant malade et je suis venu le voir.

— Vous êtes le frère François, sans doute, dit la femme, dont le visage s'était soudainement détendu. Le frère Sylvestre m'a parlé de vous. Soyez le bienvenu, mon frère. Entrez, je vous en prie.

Et, sans plus de façons, elle le conduisit à l'autre bout de la pièce, près du berceau de son enfant. Le tout-petit avait les yeux ouverts, mais son visage couleur de cire n'avait aucune expression de vie. François se pencha vers lui maternellement et essaya par sa mimique de le faire sourire. Mais l'enfant ne sourit pas. Ses grands yeux étaient cernés.

— Le Bon Dieu va-t-il me l'enlever, lui aussi ? demanda douloureusement la femme. Ce serait le deuxième en deux ans. Oh ! non, ce n'est pas possible, mon frère !

François se taisait. La douleur de cette mère ne lui était pas étrangère. Il la comprenait mieux que personne parce que lui-même, depuis des mois, éprouvait une douleur identique. Lui aussi savait ce que c'était que de perdre des enfants et de les voir dépérir, jour après jour. La peine de cette femme le touchait et l'ébranlait profondément.

— Pauvre maman ! dit-il après quelques instants de silence ; il ne faut surtout pas perdre confiance. On peut tout perdre, sauf la confiance.

Il ne disait pas cela du bout des lèvres, sans trop y croire, simplement parce qu'il fallait dire quelque chose. Il venait d'exprimer là le plus profond de son être. Et cette femme le sentit bien. On lui avait déjà dit, sans doute, des paroles semblables, mais pas de cette façon. Elle n'en avait jamais été impressionnée comme cette fois. Ici, les mots jaillissaient d'une autre profondeur. Il fallait avoir beaucoup souffert soi-même et, peut-être, avoir tout perdu pour parler avec cet accent de sincérité et aussi avec cette gravité. Il fallait être passé au-delà du désespoir et avoir retrouvé la terre ferme, la réalité profonde qui ne trompe pas.

Près du berceau, une fenêtre donnait sur le jardinet qui se trouvait derrière la maison. On pouvait voir, assis à l'ombre d'un pommier tout en fleurs, le grand-père tenant sur ses genoux un petit garçon à qui il racontait une histoire. A côté, dans l'herbe, une fillette jouait avec un jeune chat noir.

— Ce sont vos deux aînés avec leur grand-père ? demanda François en regardant par la fenêtre.

— Oui, ce sont mes deux plus grands, répondit la mère.

— Ils ont l'air de bien se porter, remarqua François.

— Oui, fit-elle avec une légère moue ; leur santé est assez bonne. Je n'ai pas trop à m'en plaindre, Dieu merci.

— Oui, Dieu merci, reprit François. Vous avez bien raison de remercier le Seigneur.

— C'est vrai, observa la femme. Mais en aurais-je dix comme ceux-là, bien portants et bien vivants, qu'ils ne remplaceraient jamais, à eux tous, celui que j'ai déjà perdu. Un enfant ne se remplace pas. Il est toujours un être unique. Et lorsque l'un d'eux vient à disparaître, tous les autres réunis, si nombreux soient-ils, ne réussissent pas à combler le vide. Et plus une mère a souffert pour un petit, plus elle lui est attachée.

Il y eut un moment de silence. Dans les chaumes du toit, une souris trottinait d'un pas menu. Au dehors, dans le petit jardin, le grand-père poursuivait son histoire. Sans doute était-il arrivé au moment le plus pathétique de son récit. Sa voix se faisait plus grave, plus mystérieuse. Et son visage revêtait une expression dramatique. La fillette avait soudain abandonné le chat ; elle s'était rapprochée du grand-père et, d'une voix câline, elle le suppliait.

— Recommence, grand-père, recommence, je n'ai pas entendu le début.

— Laisse grand-père raconter, répliquait son frère en la repoussant du bras.

Et le grand-père, semblant ne rien entendre, continuait son histoire dans le plus grand calme.

Dans le berceau, le tout-petit avait clos ses paupières. François éleva la main et le bénit. Puis, il se retira doucement.

— Laissons-le dormir, dit-il à la mère. Je reviendrai bientôt le voir.

— Mon mari est aux champs en ce moment, dit la femme. Il ne rentrera qu'avec la nuit. Mais vous allez dire bonjour au grand-père avant de repartir.

— Non, laissez-le, je vous en prie, dit François. Il ne faut pas le déranger maintenant. Cela gâterait le plaisir des enfants. Ils ont besoin d'entendre leur grand-père leur raconter des histoires. Une enfance sans histoires, c'est une matinée sans soleil ; c'est aussi une jeune plante sans racines. Je me souviens toujours des histoires que nous racontait notre mère lorsque nous étions enfants. Notre mère était d'origine provençale ; elle connaissait bien les légendes du pays de France. Les longues soirées d'hiver, avant d'aller dormir, nous nous serrions contre elle et, avec un plaisir qui se mêlait parfois de crainte, nous l'écoutions raconter les merveilleuses histoires de la forêt de Brocéliande où vivaient Merlin l'enchanteur et la fée Viviane. D'autres fois, elle nous parlait de l'empereur Charles à la barbe fleurie et de ses chevaliers intrépides Roland et Olivier. Et nous imaginions ce beau et doux pays où chevauchait l'empereur Charles, escorté de ses paladins. Tous ces souvenirs me sont restés. Je sens qu'ils font partie de moi. Et, parfois, je les entends chanter en moi. Dieu parle aussi par ces humbles voix de la terre. Il ne faut pas les mépriser ; il ne faut rien mépriser. Pas même les fées. Elles sont filles de Dieu.

La femme écoutait, le regard fixé sur le visage à la fois grave et très doux, qui lui parlait. Une chose surtout la frappait, c'était l'immense bonté qui transparaissait dans les paroles de François et qui rayonnait de tout son être et s'étendait à toutes choses. Tandis qu'elle le regardait et l'écoutait, le monde prenait pour elle un autre sens et une autre densité ; il se faisait vaste et profond ; il apparaissait plein d'une harmonie cachée. Rien n'y était de trop, tout s'y tenait et s'enracinait dans une même bonté originelle. On pouvait s'y fier. Dieu y était partout présent. Jusque dans les contes et les histoires merveilleuses de fées.

— Il faudra revenir nous voir un de ces soirs, dit la femme.

— Cela ne tardera guère, répondit François. Au revoir.

Il repartit par les bois et les champs. Il portait à présent dans son cœur la douleur de cette mère. De retour à l'ermitage, il s'attarda longuement à prier tandis que la nuit tombait. C'était son habitude. Mais ce soir-là sa pensée allait vers ces pauvres gens qu'il avait visités. Il demandait au Seigneur, non pas de leur enlever leur pauvreté, mais de leur donner la joie avec la pauvreté. Car là où il y a pauvreté avec joie, il n'y a ni cupidité ni avarice. Il revoyait cette pauvre femme si lasse, si découragée, qui attendait manifestement une aide de lui. Et il pensait aussi à toutes les autres mères éprouvées. La souffrance de ce monde lui parut immense et sans fond, comme la nuit.

10. On ne peut empêcher le soleil de rayonner

« Cela ne tardera guère », avait dit François à la femme. Quelques jours plus tard seulement, il se mit en route dans la soirée avec frère Léon pour aller voir l'enfant malade. L'idée lui était venue d'emporter le sachet de graines de fleurs, que sœur Claire lui avait donné à son passage à Saint-Damien.

« Je vais les semer sous la fenêtre des enfants, se disait-il ; cela mettra un peu de joie dans leurs yeux. Quand ils verront fleurir leur petite masure, ils l'aimeront davantage. Et c'est tellement différent quand on a vu des fleurs dans son enfance ! »

François se laissait aller à ces pensées tandis qu'il cheminait derrière Léon à travers bois. Ils avaient l'habitude tous deux de ces marches silencieuses dans la grande nature. Ils dévalèrent bientôt les pentes d'un ravin au fond duquel grondait un torrent. L'endroit était retiré et d'une beauté sauvage et pure. L'eau bondissait sur les rochers, toute blanche et exultante, avec de brefs éclats d'azur. Il s'en répandait une grande fraîcheur qui pénétrait les sous-bois avoisinants. Quelques genévriers avaient poussé çà et là entre les rochers et surplombaient le bouillonnement de l'eau.

— Notre sœur l'eau ! s'exclama François en s'approchant du torrent. Ta pureté chante l'innocence de Dieu.

Sautant d'un rocher à l'autre, Léon eut tôt fait de traverser le torrent. François le suivit. Il y mit plus de temps. Léon, qui l'attendait debout sur l'autre rive, regardait l'eau limpide couler avec rapidité sur le sable doré entre les masses grises des rochers. Lorsque François l'eut rejoint, il demeura dans son attitude contemplative. Il semblait ne pouvoir se détacher de ce spectacle. François le regarda et il vit de la tristesse sur son visage.

— Tu as l'air songeur, lui dit simplement François.

— Ah ! si nous pouvions avoir un peu de cette pureté, répondit Léon, nous connaîtrions, nous aussi, la joie folle et débordante de notre sœur l'eau et son élan irrésistible !

Il passait dans ces paroles une profonde nostalgie. Et le regard de Léon fixait mélancoliquement le torrent qui ne cessait de fuir dans sa pureté insaisissable.

— Viens ! lui dit François en le tirant par le bras.

Et ils reprirent tous deux leur marche. Après un moment de silence, François demanda à Léon :

— Sais-tu, frère, ce qu'est la pureté du cœur ?

— C'est ne pas avoir de faute à se reprocher, répondit Léon sans hésiter.

— Alors, je comprends ta tristesse, dit François. Car on a toujours quelque chose à se reprocher.

— Oui, dit Léon, et cela précisément me fait désespérer d'arriver un jour à la pureté du cœur.

— Ah ! frère Léon, crois-moi, repartit François, ne te préoccupe pas tant de la pureté de ton âme. Tourne ton regard vers Dieu. Admire-le. Réjouis-toi de ce qu'il est, lui, toute sainteté. Rends-lui grâce à cause de lui-même. C'est cela même, petit frère, avoir le cœur pur.

« Et quand tu es ainsi tourné vers Dieu, ne fais surtout aucun retour sur toi-même. Ne te demande pas où tu en es avec Dieu. La tristesse de ne pas être parfait et de se découvrir pécheur est encore un sentiment humain, trop humain. Il faut élever ton regard plus haut, beaucoup plus haut. Il y a Dieu, l'immensité de Dieu et son inaltérable splendeur. Le cœur pur est celui qui ne cesse d'adorer le Seigneur vivant et vrai. Il prend un intérêt profond à la vie même de Dieu et il est capable, au milieu de toutes ses misères, de vibrer à l'éternelle innocence et à l'éternelle joie de Dieu. Un tel cœur est à la fois dépouillé et comblé. Il lui suffit que Dieu soit Dieu. En cela même, il trouve toute sa paix, tout son plaisir. Et Dieu lui-même est alors toute sa sainteté.

— Dieu, cependant, réclame notre effort et notre fidélité, fit observer Léon.

— Oui, sans doute, répondit François. Mais la sainteté n'est pas un accomplissement de soi, ni une plénitude que l'on se donne. Elle est d'abord un vide que l'on accepte et que Dieu vient remplir dans la mesure où l'on s'ouvre à sa plénitude.

« Notre néant, vois-tu, s'il est accepté, devient l'espace libre où Dieu peut encore créer. Le Seigneur ne laisse ravir sa gloire par personne. Il est le Seigneur, l'Unique, le seul Saint. Mais il prend le pauvre par la main, il le tire de sa boue et le fait asseoir parmi les princes de son peuple afin qu'il voie sa gloire. Dieu devient alors l'azur de son âme.

« Contempler la gloire de Dieu, frère Léon, découvrir que Dieu est Dieu, éternellement Dieu, au-delà de ce que nous sommes ou pouvons être, se réjouir à plein de ce qu'il est, s'extasier devant son éternelle jeunesse et lui rendre grâce à cause de lui-même, à cause de son indéfectible miséricorde, telle est l'exigence la plus profonde de cet amour que l'esprit du Seigneur ne cesse de répandre en nos cœurs. C'est cela avoir le cœur pur.

« Mais cette pureté ne s'obtient pas à la force des poignets et en se tendant.

— Comment faire ? demanda Léon.

— Il faut simplement ne rien garder de soi-même. Tout balayer. Même cette perception aiguë de notre détresse. Faire place nette. Accepter d'être pauvre. Renoncer à tout ce qui est pesant, même au poids de nos fautes. Ne plus voir que la gloire du Seigneur et s'en laisser irradier. Dieu est, cela suffit. Le cœur devient alors léger. Il ne se sent plus lui-même, comme l'alouette enivrée d'espace et d'azur. Il a abandonné tout souci, toute inquiétude. Son désir de perfection s'est changé en un simple et pur vouloir de Dieu.

Léon écoutait gravement, tout en marchant devant son Père. Mais, à mesure qu'il avançait, il sentait son cœur devenir léger et une grande paix l'envahir.

Ils arrivèrent bientôt en vue de la petite ferme. A peine entrés dans la cour, ils furent accueillis par la femme. Debout sur le seuil de sa maison, elle semblait les attendre. Dès qu'elle les aperçut, elle vint vers eux. Son visage rayonnait.

— Ah ! mon frère, dit-elle en s'adressant à François d'une voix émue, je pensais bien que vous viendriez ce soir. Je m'attendais à votre visite. Si vous saviez comme je suis heureuse ! Mon petit va beaucoup mieux. Il a pu prendre quelque nourriture ces derniers jours. Je ne sais comment vous remercier.

— Dieu soit loué ! s'écria François. C'est Lui qu'il faut remercier.

Et, suivi de Léon, il entra dans la basse masure ; il s'approcha du petit lit et se pencha vers l'enfant. Il en obtint un beau et large sourire. La mère en fut toute ravie. Visiblement, l'enfant avait repris vie.

Sur ces entrefaites, le grand-père entra dans la maison avec les deux aînés qui lui trottaient dans les jambes. C'était un homme encore assez svelte, au visage tranquille, avec une paisible clarté dans les yeux.

— Bonsoir, mes frères, leur dit-il. Que vous êtes gentils d'être venus nous voir ! Nous étions bien inquiets au sujet du petit. Mais voilà que tout a l'air de s'arranger.

— J'en suis très heureux et j'en remercie le Seigneur, dit François.

— Ah ! il faudrait toujours le remercier, repartit le vieillard avec calme et gravité. Même quand tout ne s'arrange pas comme nous le voudrions. Mais c'est difficile. Nous manquons toujours à l'espérance. Quand j'étais jeune, je demandais parfois des comptes à Dieu, lorsque les choses n'allaient pas comme je le désirais. Et si Dieu faisait la sourde oreille, je me troublais, je m'irritais même. A présent, je ne demande plus aucun compte à Dieu. J'ai compris que cette attitude était enfantine et ridicule. Dieu est comme le soleil. Qu'on le voie ou qu'on ne le voie pas, qu'il apparaisse ou qu'il se cache, il rayonne. Allez empêcher le soleil de rayonner ! Eh bien ! on ne peut davantage empêcher Dieu de ruisseler de miséricorde !

— C'est bien vrai, dit François. Dieu est le bien ; et il ne peut vouloir que le bien. Mais, à la différence du soleil qui rayonne sans nous et par-dessus nos têtes, il a voulu que sa bonté passe par le cœur des hommes. C'est là quelque chose de merveilleux et aussi de redoutable. Il dépend de chacun de nous, pour notre part, que les hommes éprouvent ou non la miséricorde de Dieu. Voilà pourquoi la bonté est une si grande chose.

Les deux enfants qui se tenaient adossés aux jambes du grand-père levaient vers François et vers Léon de grands yeux où se lisaient à la fois l'étonnement et une certaine attente. Ils écoutaient. Ou plutôt, ils regardaient. C'était leur façon d'écouter. Le visage de François, sa manière de parler les impressionnaient beaucoup. Il en émanait une telle vie et une telle douceur qu'ils en étaient comme charmés.

— Allons ! soyons tout à la joie, s'écria soudain François. Le petit frère va mieux, il faut s'en réjouir.

Et, s'adressant à l'aîné qui ne le quittait pas des yeux :

— Viens ! mon petit bonhomme, je vais te montrer quelque chose.

Il le prit par la main et l'entraîna vers la cour d'entrée. Tous le suivirent. Et la cadette ne fut pas la dernière à sortir pour voir ce qui allait se passer.

— J'ai apporté de la graine de fleurs, dit François en montrant le sachet à l'enfant. Ce sont de très jolies fleurs. Mais où va-t-on les semer ?

François jeta un coup d'œil circulaire dans la cour. Il y avait là, au pied du mur, sous les fenêtres, une très vieille auge de pierre assez longue, qui avait dû servir jadis d'abreuvoir aux animaux. Elle était remplie de terre et de débris de feuilles mortes, et les herbes folles y poussaient.

— Cette auge fera très bien l'affaire, dit le grand-père.

François arracha aussitôt les quelques herbes qui s'y trouvaient ; il remua la terre et se mit à y jeter les petites graines. Tous les regards suivaient sa main qui allait et venait prestement, cherchant à apercevoir la semence imperceptible qui en tombait.

— Pourquoi fais-tu ça ? demanda le petit garçon, intrigué.

— Parce que, répondit François en continuant de semer, quand tu verras les petites fleurs s'épanouir au soleil et rire de tout leur éclat, toi aussi tu riras et tu diras : « Il a fait de bien belles choses, le Bon Dieu. »

— Et comment s'appellent ces petites fleurs ? demanda encore l'enfant.

— Ah ça ! je ne sais pas, répondit François. Mais, si tu veux, on va les appeler : « Speranza ». Tu retiendras ce nom ? Ce sont des fleurs de speranza.

Et le petit bonhomme, émerveillé, épela distinctement : spe - ran -za.

A ce moment-là, le père rentrait de son travail. Trapu, vêtu d'une tunique cendrée, les jambes nues grises de poussière, le visage hâlé, le col ouvert, les manches retroussées laissant voir des bras robustes et bronzés, il s'avança vers les frères avec un large sourire où rayonnait le soleil de toute une journée.

— Bonsoir ! mes frères, s'écria-t-il. Vous avez eu la bonne idée de venir ce soir. Ça tombe très bien : j'ai terminé mon travail un peu plus tôt. Alors, vous avez vu le petit ! Il va beaucoup mieux, n'est-ce pas ? C'est vraiment extraordinaire.

L'ensemble de sa personne exprimait à la fois quelque chose de fort et de simple. La fatigue elle-même n'enlevait rien à cette impression de force calme. Elle semblait au contraire lui donner plus de poids.

— Vous allez rester souper avec nous, dit-il aux frères, sur un ton amical mais sans réplique.

Puis, amorçant un mouvement de retrait, il ajouta :

— Un instant, s'il vous plaît. Je me passe un peu d'eau sur la figure et je suis à vous.

Il revint bientôt après, le visage rafraîchi. Et il invita ses hôtes à rentrer pour le repas. Celui-ci fut des plus simples : une grosse soupe et un peu de « verdura ». Une nourriture de pauvres, telle que François l'aimait.

Après le repas, ils sortirent tous dans le petit jardin derrière la maison. La chaleur du jour était tombée. Le soleil avait disparu à l'horizon. Mais son éclat persistait encore. Là-bas, sur la colline, du côté du couchant, quelques grands cyprès noirs se dressaient contre un ciel or, orange et rose, et leur ombre effilée s'allongeait démesurément sur les champs ; il faisait doux et calme. Toute la famille s'assit sur l'herbe, sous le pommier. Et les regards se fixèrent sur François. Il y eut un moment de silence et d'attente. Puis le père de famille, prenant la parole, dit :

— Ma femme et moi, nous nous demandons depuis quelque temps ce que nous pourrions faire pour vivre d'une manière plus parfaite. Nous ne pouvons, bien sûr, quitter nos enfants pour mener la vie des frères. Comment faire ?

— Il vous suffit d'observer le saint Évangile dans l'état même où le Seigneur vous a appelés, répondit simplement François.

— Mais comment vivre cela pratiquement ? demanda le père.

— Le Seigneur, dans l'Évangile, répondit François, nous dit, par exemple : « Que le plus grand parmi vous soit comme le plus petit, et le chef comme celui qui sert. » Eh bien ! cette parole vaut pour toute communauté, y compris la famille. Ainsi, le chef de famille à qui l'on est tenu d'obéir et qui est regardé comme le plus grand doit se comporter comme le plus petit et se faire le serviteur de tous les siens. Il prendra soin de chacun d'eux avec autant de bonté qu'il voudrait s'en voir témoigner s'il était à leur place. Il sera doux et miséricordieux à l'égard de tous. Et, devant la faute de l'un d'eux, il ne s'irritera pas, mais, en toute patience et humilité, il l'avertira et le supportera avec douceur. C'est cela vivre selon le saint Évangile. Il a vraiment part à l'esprit du Seigneur, celui qui agit de la sorte. Il n'est pas nécessaire, comme vous le voyez, de rêver à de grandes choses. Il faut toujours revenir à la simplicité de l'Évangile. Et surtout prendre au sérieux cette simplicité.

« Autre exemple, poursuivit François : le Seigneur dit dans l'Évangile : ''Bienheureux ceux qui sont pauvres dans l'âme, car le royaume des cieux est à eux.'' Eh bien ! qu'est-ce donc qu'être pauvre dans l'âme ? Il y en a beaucoup qui s'éternisent en prières et en offices et qui multiplient contre leur corps abstinences et macérations. Mais pour un seul mot qui leur semble un affront à l'égard de leur corps, ou pour une bagatelle qu'on leur enlève, les voilà aussitôt scandalisés et troublés. Ceux-là ne sont pas pauvres dans l'âme ; car celui qui a vraiment une âme de pauvre se hait lui-même et chérit ceux qui le frappent sur la joue.

« Il serait facile de multiplier les exemples et les applications. D'ailleurs dans l'Évangile tout se tient. Il suffit de commencer par un bout. On ne peut posséder vraiment une vertu évangélique sans posséder toutes les autres. Et qui blesse l'une, les blesse toutes et n'en possède aucune. Ainsi, il n'est pas possible d'être vraiment pauvre selon le saint Évangile sans être en même temps humble. Et nul n'est vraiment humble s'il n'est soumis à toute créature, et d'abord et par-dessus tout à la sainte Église, notre mère. Et cela ne peut aller sans une grande confiance dans le Seigneur Jésus qui n'abandonne jamais les siens, et dans le Père qui sait ce dont nous avons besoin. L'esprit du Seigneur est un. C'est un esprit d'enfance, de paix, de miséricorde et de joie.

François parla encore longtemps sur ce thème. Pour

ces gens simples et ouverts, l'écouter était un vrai plaisir. Mais la nuit commençait à descendre ; elle s'accrochait aux grosses branches noueuses et sombres du pommier. Imperceptiblement, l'air fraîchissait. Les enfants, les deux aînés, blottis contre leur grand-père et qui, de temps à autre, se livraient à une facétie innocente, commençaient à s'impatienter et à vouloir remuer. François et Léon songèrent alors au retour ; ils se levèrent et prirent congé de leurs hôtes.

Il était agréable de marcher dans la fraîcheur du soir. Le ciel était devenu indigo sombre. Et les étoiles s'allumaient une à une. François et Léon entrèrent bientôt dans la forêt. La lune s'était levée. Sa clarté frappait la cime des arbres et coulait le long des branches, entre les feuilles, jusque dans les sous-bois où elle s'éparpillait en larges gouttes d'argent sur les fougères et les myrtilles. Il y avait de la lumière partout dans la forêt. Une lumière verte, douce, accueillante, qui laissait voir très loin dans les immenses corridors. Sur les troncs des vieux arbres, les lichens et les mousses luisaient comme de la fine poussière d'étoiles. Il sembla alors à Léon que toute la forêt, ce soir, attendait quelqu'un, tant elle était belle avec ses jeux d'ombre et de lumière. Et cela sentait si bon les écorces, les fougères, la menthe et mille fleurs invisibles. Ils marchaient en silence. Devant eux, un renard sortit brusquement d'un fourré et sauta dans une flaque de lumière ; son pelage roux un instant flamba. Puis il disparut aussitôt dans l'ombre en glapissant. Une vie secrète s'éveillait. Les oiseaux de nuit s'appelaient. Et d'innombrables bruissements montaient de l'épaisseur des sous-bois. Dans un découvert, François s'arrêta et regarda le ciel. A présent, les étoiles, par groupes compacts, fourmillaient. Elles aussi semblaient vivre. La nuit était merveilleusement claire et douce. François respira profondément et il trouva la forêt bien odorante. Toute cette vie invisible, frémissante et profonde autour de lui, n'était pas une puissance ténébreuse et inquiétante. Elle avait perdu à ses yeux son caractère redoutable et son opacité. Elle était devenue lumière. Elle lui révélait par transparence la divine Bonté qui est la source de toutes choses. Reprenant alors sa marche avec allégresse, il se mit à chanter. La douceur de Dieu l'avait saisi. La grande et forte douceur de Dieu.

— Toi seul es bon. Tu es le Bien, tout le Bien. Tu es notre grande douceur. Tu es notre vie éternelle, grand et admirable Seigneur, répétait-il.

Il chantait cela sur des airs improvisés. Dans sa joie, il ramassa à terre deux morceaux de bois et, posant l'un sur son bras gauche, il se mit à le racler avec l'autre, comme s'il promenait un archet sur une viole. Son visage rayonnait. Il marchait, il chantait et il mimait l'accompagnement de son chant. Et Léon avait peine à le suivre.

Soudain, François ralentit sa marche. Et Léon vit, avec stupeur, que le visage de son Père avait changé. Il était devenu douloureux, atrocement douloureux. Il continuait de chanter, mais son chant lui-même était douloureux.

— Oh ! toi qui as daigné mourir par amour de mon amour, gémissait-il, fasse la douce violence de ton amour que je meure par amour de ton amour.

Léon eut alors comme la certitude que François voyait en ce moment son Seigneur pendu au gibet de la croix. Il le voyait après de longues heures d'agonie, remuant encore, luttant entre la vie et la mort, épouvantable loque humaine. Sa joie l'avait d'un bond transporté jusque-là. Jusqu'à la contemplation du Crucifié. Il avait laissé tomber les pauvres choses qu'il avait en mains. Puis, il avait repris sa litanie de louanges d'une voix plus forte qui résonnait claire dans la nuit au milieu de la forêt.

— Tu es le Bien, tout le Bien, grand et admirable Seigneur, miséricordieux Sauveur.

Ce rebondissement dans la joie surprit Léon. L'image du Crucifié n'avait pas détruit la joie de François. Bien au contraire. Et Léon pensa qu'elle devait en être la véritable source, la source très pure et intarissable. Cette image d'opprobre et de douleur était bien la lumière qui éclairait ses pas. C'était elle qui lui découvrait la création. Elle la lui faisait voir, par-delà toutes les vilenies et les crimes de ce monde, parfaitement réconciliée et déjà remplie de cette souveraine Bonté qui est à l'origine de toutes choses.

Le visage de François s'était à nouveau illuminé merveilleusement, avec une expression d'enfant.

Comme si la création venait soudain d'éclore sous ses yeux, toute ruisselante de l'innocence de Dieu, et que le miracle de l'existence s'offrait à lui dans sa première fraîcheur.

Ils traversèrent une clairière. A l'orée du bois, une harde de cerfs qui gîtait là se leva. Immobiles, la tête dressée, les bêtes regardèrent passer cet homme libre qui chantait. Elles ne paraissaient nullement effrayées. Alors Léon comprit qu'il vivait un moment extraordinaire. Oui, c'était bien vrai que ce soir la forêt attendait quelqu'un. Tous ces arbres et ces animaux et toutes ces étoiles aussi attendaient le passage de l'homme fraternel. Il y avait sans doute longtemps que la nature attendait ainsi. Depuis des millénaires peut-être. Mais ce soir, par un mystérieux instinct, elle savait qu'il devait venir. Et voilà qu'il était là au milieu d'elle et qu'il la délivrait de son chant.

11. Plus pauvre que le bois mort

Une mince colonne de fumée bleuâtre s'élevait en bordure de la forêt, non loin de l'ermitage. Elle montait, légère, toute droite, sans être dérangée par le moindre vent. Calme et élancée comme les grands arbres, elle semblait faire partie du paysage. Et, cependant, elle intriguait le frère Léon. Cette fumée était insolite. Qui donc, en ce début de matinée, avait pu allumer ce feu ? Léon voulut en avoir le cœur net. Il s'avança, écarta les branches de quelques arbustes et aperçut, à un jet de pierre, François lui-même, debout auprès d'un maigre feu. Que pouvait-il bien brûler ? Il le vit se baisser, ramasser une pomme de pin et la jeter dans les flammes.

Léon hésita un instant. Puis il s'approcha doucement.

— Que brûles-tu là, Père ?

— Un panier, répondit simplement François.

Léon regarda de plus près. Il distingua les restes d'un panier d'osier qui achevait de brûler.

— Ce n'est tout de même pas le panier que tu étais en train de confectionner ces jours-ci ?

— Si, c'est précisément celui-là, répondit François.

— Pourquoi l'as-tu brûlé ? Tu ne le trouvais pas réussi ? demanda Léon, étonné.

— Oh ! si, très réussi. Trop réussi même.

— Mais alors, pourquoi l'as-tu brûlé ?

— Parce que tout à l'heure, tandis que nous récitions Tierce, il m'a distrait au point d'accaparer toute mon attention. Il était juste qu'en retour j'en fasse le sacrifice au Seigneur, expliqua François.

Léon en resta bouche bée. Il avait beau connaître François, les réactions de celui-ci le surprenaient toujours. Cette fois, le geste de François lui paraissait d'une sévérité excessive.

— Père, je ne te comprends pas. S'il fallait brûler tout ce qui nous distrait dans la prière, on n'en finirait pas, murmura Léon après un instant de silence.

François ne répondit rien.

— Tu sais, ajouta Léon, que frère Sylvestre comptait sur ce panier. Il en avait besoin. Et il l'attendait avec impatience.

— Oui, je sais, répondit François. Je lui en ferai un autre sans tarder. Mais il fallait que je brûle celui-ci. Cela était plus urgent.

Le panier avait fini de brûler. François étouffa sous une pierre ce qui restait du feu. Et, prenant Léon par le bras, il lui dit :

— Viens ! Je vais te dire pourquoi j'ai agi ainsi.

Il l'emmena non loin de là, près d'une haie d'osiers. Il se tailla un nombre suffisant de baguettes flexibles. Puis, s'étant assis là, à même le sol, il commença un nouveau panier. Léon s'était assis à ses côtés, attendant les explications de son Père.

— Je veux travailler de mes mains, déclara alors François. Et je veux aussi que tous mes frères travaillent. Non pour le cupide désir de gagner de l'argent, mais pour le bon exemple et pour fuir l'oisiveté. Rien de plus lamentable qu'une communauté où l'on ne travaille pas. Mais le travail n'est pas tout, frère Léon, il ne résout pas tout. Il peut même devenir un obstacle redoutable à la vraie liberté de l'homme. Il le devient chaque fois que l'homme se laisse accaparer par son œuvre au point d'oublier d'adorer le Dieu vivant et vrai. Aussi il nous faut veiller jalousement à ne pas laisser s'éteindre en nous l'esprit d'oraison. Cela est plus important que tout.

— Je comprends, Père, dit Léon. Mais nous ne pouvons tout de même pas, pour autant, détruire notre ouvrage chaque fois qu'il nous donne des distractions dans la prière.

— Bien sûr, repartit François. L'important est d'être prêt à en faire le sacrifice au Seigneur. A cette condition seulement, l'homme garde son âme disponible. Sous l'ancienne loi, les hommes sacrifiaient à Dieu les prémices de leur récolte et de leurs troupeaux. Ils n'hésitaient pas à se défaire de ce qu'ils avaient de plus beau. C'était un geste d'adoration, mais aussi de libération. L'homme maintenait ainsi son âme ouverte. Ce qu'il sacrifiait élargissait son horizon à l'infini. Là était le secret de sa liberté et de sa grandeur.

François se tut. Toute son attention sembla alors se concentrer sur son travail. Mais Léon, à côté de lui, voyait bien qu'il avait encore quelque chose à dire. Quelque chose d'essentiel qui devait faire corps avec lui et dont il avait du mal à se délivrer. Cela, Léon le sentait bien. Et c'est pourquoi ces instants de silence lui parurent si longs. Il aurait voulu parler, dire un mot pour remplir ce silence. Mais il se retint par discrétion. Soudain, François tourna son visage vers lui et le regarda avec une expression de très grande bonté.

— Oui, frère Léon, dit-il avec beaucoup de calme, l'homme n'est grand que lorsqu'il s'élève au-dessus de son œuvre pour ne plus voir que Dieu. Alors seulement il atteint toute sa taille. Mais cela est difficile, très difficile. Brûler un panier d'osier que l'on a fait soi-même n'est rien, vois-tu, même lorsqu'on le trouve fort réussi. Mais se détacher de l'œuvre de toute une vie est bien autre chose. Ce renoncement est au-dessus des forces humaines.

« Pour suivre l'appel de Dieu, l'homme se donne à fond à une œuvre. Il le fait passionnément et dans l'enthousiasme. Cela est bon et nécessaire. Seul l'enthousiasme est créateur. Mais créer quelque chose, c'est aussi la marquer de son empreinte, la faire sienne, inévitablement. Le serviteur de Dieu court alors son plus grand danger. Cette œuvre qu'il a accomplie, dans la mesure où il s'y attache, devient pour lui le centre du monde ; elle le met dans un état d'indisponibilité radicale. Il faudra une effraction pour l'en arracher. Grâce à Dieu, une telle effraction peut se produire. Mais les moyens providentiels mis alors en œuvre sont redoutables. Ce sont l'incompréhension, la contradiction, la souffrance, l'échec. Et parfois jusqu'au péché lui-même que Dieu permet. La vie de foi connaît alors sa crise la plus profonde, la plus décisive aussi. Cette crise est inévitable. Elle se présente tôt ou tard et dans tous les états de vie. L'homme s'est consacré à fond à son œuvre ; et il a cru rendre gloire à Dieu par sa générosité. Et voici que tout à coup Dieu semble le laisser à lui-même, ne pas s'intéresser à ce qu'il fait. Bien plus, Dieu semble lui demander de renoncer à son œuvre, d'abandonner ce à quoi il s'est dévoué corps et âme durant tant d'années dans la joie et dans la peine.

« Prends ton fils, ton unique, celui que tu aimes, et va-t-en au pays de Moria, et là, offre-le en holocauste. » Cette parole terrible adressée par Dieu à Abraham, il n'est de vrai serviteur de Dieu qui ne l'entende un jour à son tour. Abraham avait cru à la promesse que Dieu lui avait faite de lui donner une postérité. Pendant vingt ans, il en avait attendu la réalisation. Il n'avait pas désespéré. Et quand enfin l'enfant fut venu, l'enfant sur lequel reposait la promesse, voici que Dieu somme Abraham de le lui sacrifier. Sans aucune explication. Le coup était rude et incompréhensible. Eh bien ! c'est cela même que Dieu nous demande à nous aussi un jour ou l'autre ! Entre Dieu et l'homme, il semble qu'on ne parle plus le même langage. Une incompréhension a surgi. Dieu avait appelé et l'homme avait répondu. Maintenant l'homme appelle, mais Dieu se tait. Moment tragique où la vie religieuse confine au désespoir. Où l'homme lutte tout seul dans la nuit avec l'Insaisissable. Il a cru qu'il lui suffirait de faire ceci ou cela pour être agréable à Dieu. Mais c'est à lui que l'on en veut. L'homme n'est pas sauvé par ses œuvres, si bonnes soient-elles. Il lui faut encore devenir lui-même l'œuvre de Dieu. Il doit se faire plus malléable et plus humble entre les mains de son Créateur que l'argile dans les mains du potier. Plus souple et plus patient que l'osier entre les doigts du vannier. Plus pauvre et plus abandonné que le bois mort dans la forêt au cœur de l'hiver. A partir seulement de cette situation de détresse et dans cet aveu de pauvreté, l'homme peut ouvrir à Dieu un crédit illimité, en lui confiant l'initiative absolue de son existence et de son salut. Il entre alors dans une sainte obéissance. Il devient enfant et joue le jeu divin de la création. Par-delà la douleur et le plaisir, il fait connaissance avec la joie et la puissance. Il peut regarder d'un cœur égal le soleil et la mort. Avec la même gravité et la même allégresse. »

Léon se taisait. Il n'avait plus envie de poser des questions. Il ne comprenait certes pas tout ce que lui disait François. Mais il lui semblait n'avoir jamais vu si clair et si profond dans l'âme de son Père. Ce qui l'impressionnait par-dessus tout, c'était le calme avec lequel il lui parlait de ces choses graves qu'il devait connaître certainement par expérience. Il se rappela ce que François lui avait dit en une autre circonstance : « L'homme ne sait vraiment que pour autant qu'il expérimente. » Pour sûr, il avait expérimenté tout ce qu'il disait. Il parlait avec un tel accent de vérité ! Léon se sentit soudain rempli de douceur et d'effroi à la pensée d'être le confident privilégié d'une telle expérience. François, lui, continuait son travail. Et sa main tressait l'osier, sans trembler, comme en se jouant.

12. Plus ensoleillé que l'été

Les cigales chantaient dans la pinède autour de l'ermitage. On était aux premiers jours de juin. Il faisait très chaud. Un soleil implacable flambait dans le bleu éblouissant du ciel. Ses rayons abrupts et drus tombaient comme une pluie de feu. Rien n'échappait à cet embrasement. Dans la forêt, les écorces des arbres craquaient sous l'effet de la chaleur. Sur les pentes escarpées de la montagne, les herbes séchaient et jaunissaient entre les rochers brûlants. En bordure des bois, les arbrisseaux et les jeunes plantes vertes, encore gonflées par les pluies printanières, baissaient la tête tristement. Cependant, près du petit oratoire, quelques pommiers, dont le feuillage commençait à se garnir de fruits, semblaient se tenir tout à fait à l'aise dans cette chaleur. Le grand soleil, comme le feu, éprouve les êtres. Il les oblige à se révéler. Aucune enflure ne lui résiste. Il ne laisse place qu'à la maturité. Seul, l'arbre qui a noué ses fruits s'offre sans crainte à son éclat et à son ardeur.

Aux heures très chaudes de la journée, François aimait venir sous les pins. Il écoutait les cigales et il s'associait intérieurement à leur chant. Il souffrait toujours des yeux. Mais son cœur était tranquille. Au milieu de la grande chaleur, il goûtait déjà quelque chose de la paix du soir. Il lui arrivait sans doute de penser au chapitre tout proche de la Pentecôte, à la multitude des frères qu'à cette occasion il allait revoir rassemblés à Assise. Il songeait aux difficultés qui, de nouveau, ne manqueraient pas de surgir et de s'étaler, plus fortes et plus redoutables que jamais, au sein de sa grande famille. Mais il y pensait maintenant sans le moindre trouble, sans serrement de cœur. Même les souvenirs pénibles qu'une telle pensée ramenait inévitablement en son âme n'en altéraient pas la sérénité. Non qu'il fût devenu indifférent. Son amour pour les siens et ses exigences n'avaient cessé de croître et de s'approfondir. Mais il était dans la paix. Pour lui aussi, l'heure de la maturité était venue. Il ne se souciait pas de savoir s'il porterait beaucoup de fruits. Mais il veillait à ce que son fruit ne fût pas amer. Cela seul importait. Il savait bien que le reste serait donné par surcroît. Au-dessus de lui, les cigales n'arrêtaient pas de chanter. Leurs notes stridentes avaient l'éclat du feu ; elles tombaient des hautes branches, pareilles à des langues de flamme.

François se tenait assis dans la pinède lorsqu'il vit venir à lui, à travers bois, un frère svelte, encore jeune, à la démarche lente mais décidée. Il reconnut le frère Tancrède. François se leva, alla vers lui et l'embrassa.

— Paix à toi ! lui dit-il. Quelle agréable surprise tu me fais là ! Tu as dû avoir bien chaud à monter jusqu'ici !

— Oh ! oui, Père ! répondit le frère qui s'épongeait le front et le visage avec sa manche. Mais cela n'est rien.

Le frère hocha la tête et poussa un soupir. François l'invita à s'asseoir à l'ombre des pins.

— Qu'est-ce qui ne va pas ?

— Tu le sais bien, Père, dit Tancrède. Depuis que tu n'es plus parmi nous, à notre tête, la situation n'a cessé de se dégrader. Les frères, j'entends ceux qui veulent rester fidèles à la Règle et à ton exemple, sont découragés et désorientés. On leur dit et on leur répète que tu es dépassé, qu'il faut savoir s'adapter et, pour cela, s'inspirer de l'organisation des autres grands Ordres. Et qu'il est nécessaire de former des savants qui puissent rivaliser avec ceux des autres Ordres. Que la simplicité et la pauvreté sont de très belles choses, mais qu'il ne faut rien exagérer et qu'en tout cas cela ne suffit pas. Que la science, la puissance et l'argent sont aussi indispensables pour agir et pour réussir. Voilà ce qu'ils disent.

— Ce sont sans doute toujours les mêmes qui parlent ainsi, observa simplement François.

— Oui, Père. Ce sont les mêmes. Tu les connais. On les appelle les novateurs. Mais ils en ont séduit beaucoup. Et le malheur, c'est que, par réaction contre eux, certains frères se laissent aller à toutes sortes d'excentricités du plus mauvais goût, sous prétexte d'austérité et de simplicité évangéliques. Ainsi ces frères qui se sont fait rappeler à l'ordre tout récemment par l'évêque de Fondi parce qu'ils se négligeaient complètement et se laissaient pousser une barbe d'une longueur démesurée. D'autres sont sortis de l'obéissance et ont pris femme. Ils ne se rendent pas compte qu'en agissant ainsi ils jettent le discrédit sur tous les frères et apportent de l'eau au moulin des novateurs. Devant ces abus, ceux-ci ont beau jeu pour imposer leur volonté ; ils se donnent comme les défenseurs de la Règle. Pris entre ces novateurs et ces excentriques, il y a le petit troupeau fidèle qui gémit parce qu'il est sans pasteur. Une vraie pitié ! Enfin, voici le chapitre de la Pentecôte qui approche ! C'est notre dernier espoir. Tu y viendras, Père ?

— Oui, j'y viendrai. Et je pense même me mettre en route sans tarder, répondit simplement François.

— Les frères fidèles espèrent que tu vas reprendre le gouvernement et que tu réprimeras les abus et juguleras les récalcitrants. Car il est grand temps !

— Crois-tu que les autres voudront de moi ? demanda François.

— Il faut t'imposer, Père, en parlant net et fort et en menaçant de sanctions. Il faut leur résister en face. Il n'y a que ce moyen-là, repartit Tancrède.

François ne répondit pas. Les cigales chantaient. La forêt soupirait par moments. Une légère brise traversa la pinède, soulevant une forte odeur de résine. François se taisait. Son regard fixait le sol jonché d'aiguilles et de brindilles sèches. Et il se prit à penser que la moindre étincelle jetée au hasard sur ce tapis suffirait à embraser toute la forêt.

— Écoute, dit François après quelques instants de silence. Je ne veux pas te laisser dans l'illusion. Je te parlerai net puisque tu le désires. Je ne me considérerais pas comme un frère mineur si je n'étais pas dans l'état que voici : je suis le supérieur de mes frères, je me rends au chapitre, j'y fais un sermon, je donne mes avis, et lorsque j'ai terminé, on me dit : « Tu n'as pas ce qu'il faut pour nous, tu es illettré, méprisable ; nous ne voulons plus de toi comme supérieur, car tu n'as aucune éloquence, tu es simple et borné. » Et je suis chassé honteusement, chargé du mépris universel. Eh bien ! je te le dis, si je ne reçois pas cela du même front, avec la même allégresse intérieure et en conservant identique ma volonté de sanctification, je ne suis pas, mais pas du tout, un frère mineur.

— Très bien, Père, mais cela ne résout pas la question, objecta Tancrède.

— Quelle question ? demanda François.

Tancrède le regarda, l'air ahuri.

— Quelle question ? répéta François.

— Eh bien ! celle de l'Ordre ! s'exclama Tancrède. Tu viens de me décrire ton état d'âme. Je l'admire. Mais tu ne peux t'arrêter à ce point de vue personnel et songer uniquement à ta perfection. Il y a les autres ! Tu es leur guide et leur Père. Tu ne peux les abandonner. Ils ont droit à ton soutien. Il ne faut pas les oublier.

— C'est vrai, Tancrède. Il y a les autres. Et j'y pense beaucoup, crois-moi, dit François. Mais on n'aide pas les hommes à pratiquer la douceur et la patience évangéliques en commençant par frapper du poing tous ceux qui ne sont pas de notre avis, mais bien plutôt en acceptant soi-même les coups.

— Mais la colère de Dieu, qu'est-ce que tu en fais ? rétorqua vivement Tancrède. Il y a de saintes colères. Le Christ a fait claquer le fouet sur la tête des vendeurs. Et pas seulement au-dessus de leur tête sans doute.

Il est nécessaire parfois de chasser les vendeurs du Temple. Oui, avec perte et fracas. Cela aussi, c'est imiter le Christ.

Tancrède avait élevé le ton. Il s'était animé. Il parlait avec fougue, avec des gestes cassants. Son visage s'était empourpré. Il fit le mouvement de se lever. Mais François lui posa la main sur l'épaule et le retint.

— Allons ! frère Tancrède, écoute-moi un peu, lui dit-il calmement. Si le Seigneur voulait chasser de devant sa face tout ce qu'il y a d'impur et d'indigne, crois-tu qu'il y en aurait beaucoup à trouver grâce ? Mais nous serions tous balayés, mon pauvre ami ! Nous comme les autres. Il n'y a pas tellement de différence entre les hommes à ce point de vue. Heureusement, Dieu n'aime pas faire le nettoyage par le vide. C'est ce qui nous sauve. Il a chassé une fois les vendeurs du Temple. Il l'a fait pour bien nous montrer qu'il pouvait le faire et qu'il était le maître de sa maison. Mais, tu le remarqueras, il ne l'a fait qu'une fois et comme en se jouant. Après quoi, il s'est offert lui-même aux coups de ses persécuteurs. Il nous a montré par là ce qu'est la patience de Dieu. Non pas une impuissance à sévir, mais une volonté d'aimer qui ne se reprend pas.

— Oui, Père, mais en agissant comme tu dis, tu abandonnes la partie purement et simplement. L'Ordre ira à sa perte. Et l'Église en souffrira beaucoup. Au lieu d'un renouveau, elle comptera une ruine de plus. Voilà tout, répliqua Tancrède.

— Eh bien ! moi, je te le dis, l'Ordre continuera malgré tout, affirma François avec vigueur, mais sans se départir de son calme. Le Seigneur m'en a donné l'assurance. L'avenir de l'Ordre, c'est son affaire. Si les frères sont infidèles, il en suscitera d'autres. Et peut-être ceux-ci sont-ils déjà nés. Quant à moi, le Seigneur ne m'a pas demandé de convaincre les hommes à force d'éloquence ou de science, encore moins de les contraindre. Il m'a simplement fait savoir que je devais vivre selon la forme du saint Évangile. Et quand il m'eut donné des frères, je fis écrire une règle en peu de mots. Le seigneur Pape me la confirma. Nous étions alors sans prétention et soumis à tous. Je veux demeurer dans cet état jusqu'à la fin.

— Il faut donc laisser les autres agir à leur guise et tout subir sans rien dire ! repartit Tancrède.

— Pour moi, dit François, je veux être soumis à tous les hommes et à toutes les créatures de ce monde, autant que d'en-haut Dieu le permet. Telle est la condition du frère mineur.

— Non, là vraiment, Père, je ne te suis pas, je ne te comprends pas, dit Tancrède.

— Tu ne me comprends pas, reprit François, parce que cette attitude d'humilité et de soumission te semble lâcheté et passivité. Mais il s'agit de tout autre chose. Moi aussi j'ai été longtemps sans comprendre. Je me suis débattu dans la nuit comme un pauvre oiseau pris au piège. Mais le Seigneur a eu pitié de moi. Il m'a fait voir que la plus haute activité de l'homme et sa maturité ne consistent pas dans la poursuite d'une idée, si élevée et si sainte soit-elle, mais dans l'acceptation humble et joyeuse de ce qui est, de tout ce qui est. L'homme qui suit son idée reste enfermé en lui-même. Il ne communie pas vraiment aux êtres. Il ne fait jamais connaissance avec l'univers. Il lui manque le silence, la profondeur et la paix. La profondeur d'un homme est dans sa puissance d'accueil. La plupart des hommes demeurent isolés en eux-mêmes, malgré toutes les apparences. Ils sont pareils à des insectes qui ne parviennent pas à se dépouiller de leur cocon. Ils s'agitent désespérément à l'intérieur de leurs limites. Au bout du compte, ils se retrouvent comme au départ. Ils croient avoir changé quelque chose, mais ils meurent sans même avoir vu le jour. Ils ne se sont jamais éveillés à la réalité. Ils ont vécu en rêve.

Tancrède se taisait. Les paroles de François lui semblaient si étranges. Était-ce François ou lui qui rêvait ? Cela l'irritait de se voir ranger parmi les rêveurs. Il était sûr de lui, de ce qu'il voyait et de ce qu'il sentait.

— Mais alors, tous ceux qui essaient de faire quelque chose en ce monde sont des rêveurs ! dit-il après un moment de silence.

— Je ne dis pas cela, répondit François. Mais je pense qu'il est difficile d'accepter la réalité. Et, à vrai dire, aucun homme ne l'accepte jamais totalement. Nous voulons toujours ajouter une coudée à notre taille, d'une manière ou d'une autre. Tel est le but de la plupart de nos actions. Même lorsque nous pensons travailler pour le Royaume de Dieu, c'est encore cela que nous recherchons bien souvent. Jusqu'au jour où, nous heurtant à l'échec, à un échec profond, il ne nous reste que cette seule réalité démesurée : Dieu est. Nous découvrons alors qu'il n'y a de tout-puissant que lui, et qu'il est le seul saint et le seul bon. L'homme qui accepte cette réalité et qui s'en réjouit à fond a trouvé la paix. Dieu est, et c'est assez. Quoi qu'il arrive, il y a Dieu, la splendeur de Dieu. Il suffit que Dieu soit Dieu. Seul, l'homme qui accepte Dieu de cette manière est capable de s'accepter vraiment soi-même. Il devient libre de tout vouloir particulier. Plus rien ne vient troubler en lui le jeu divin de la création. Son vouloir s'est simplifié et en même temps il s'est fait vaste et profond comme le monde. Un simple et pur vouloir de Dieu, qui embrasse tout, qui accueille tout. Plus rien ne le sépare de l'acte créateur. Il est entièrement ouvert à l'action de Dieu qui fait de lui ce qu'il veut, qui le mène où il veut. Et cette sainte obéissance lui donne accès aux profondeurs de l'univers, à la puissance qui meut les astres et fait éclore si joliment les plus humbles fleurs des champs. Il voit clair à l'intérieur du monde. Il découvre cette souveraine bonté qui est à l'origine de tous les êtres et qui sera un jour tout entière en tous, mais il la voit déjà répandue et épanouie en chaque être. Il participe lui-même à la grande forme de la bonté. Il devient miséricordieux, solaire comme le Père qui fait resplendir son soleil avec la même prodigalité sur les bons et les méchants. Ah ! frère Tancrède, que la gloire de Dieu est grande ! Et le monde ruisselle de sa beauté et de sa miséricorde !

— Mais dans le monde, repartit Tancrède, il y a aussi la faute et le mal. Nous ne pouvons pas ne pas les voir. Et, en leur présence, nous n'avons pas le droit de demeurer indifférents. Malheur à nous si, par notre silence ou notre inaction, les méchants s'endurcissent dans leur malice et triomphent !

— C'est vrai ; nous n'avons pas le droit de demeurer indifférents devant le mal et la faute, reprit François. Mais nous ne devons pas non plus nous irriter ni nous troubler. Notre trouble et notre irritation ne peuvent que gêner la charité en nous-mêmes et dans les autres. Il nous faut apprendre à voir le mal et la faute comme Dieu les voit. Cela précisément est difficile. Car, là où nous voyons naturellement une faute à condamner et à punir, Dieu, lui, voit tout d'abord une détresse à secourir. Le Tout-Puissant est aussi le plus doux des êtres, le plus patient. En Dieu, il n'y a pas la moindre trace de ressentiment. Quand sa créature se révolte contre lui et l'offense, elle reste toujours à ses yeux sa créature. Il pourrait la détruire, bien sûr. Mais quel plaisir Dieu peut-il trouver à détruire ce qu'il a fait avec tant d'amour ? Tout ce qu'il a créé a des racines si profondes en lui. Il est le plus désarmé de tous les êtres en face de ses créatures. Comme une mère devant son enfant. Là est le secret de cette patience énorme qui parfois nous scandalise.

« Dieu est semblable à ce père de famille qui disait à ses enfants devenus grands et avides de prendre leur indépendance : « Vous voulez partir, vous êtes impatients de faire votre vie chacun de votre côté, eh bien ! je veux vous dire ceci avant que vous ne partiez : « Si un jour vous avez un ennui, si vous êtes dans la détresse, sachez que je suis toujours là. Ma porte vous est grande ouverte jour et nuit. Vous pouvez toujours venir. Vous serez chez vous et je ferai tout pour vous secourir. Quand toutes les portes vous seraient fermées, la mienne vous est encore ouverte. » Dieu est ainsi, frère Tancrède. Personne n'aime comme lui. Mais nous devons essayer de l'imiter. Jusqu'à présent nous n'avons encore rien fait. Commençons donc à faire quelque chose.

— Mais par quel bout commencer, Père ? Dis-le-moi, demanda Tancrède.

— La chose la plus urgente, répondit François, est de désirer avoir l'esprit du Seigneur. Lui seul peut nous rendre bons, foncièrement bons, d'une bonté qui ne fait plus qu'un avec notre être le plus profond.

Il se tut un instant, puis il reprit :

— Le Seigneur nous a envoyés évangéliser les hommes. Mais as-tu déjà réfléchi à ce que c'est qu'évangéliser les hommes ? Évangéliser un homme, vois-tu, c'est lui dire : Toi aussi, tu es aimé de Dieu dans le Seigneur Jésus. Et pas seulement le lui dire, mais le penser réellement. Et pas seulement le penser, mais se comporter avec cet homme de telle manière qu'il sente et découvre qu'il y a en lui quelque chose de sauvé, quelque chose de plus grand et de plus noble que ce qu'il pensait, et qu'il s'éveille ainsi à une nouvelle conscience de soi. C'est cela, lui annoncer la Bonne Nouvelle. Tu ne peux le faire qu'en lui offrant ton amitié. Une amitié réelle, désintéressée, sans condescendance, faite de confiance et d'estime profondes.

« Il nous faut aller vers les hommes. La tâche est délicate. Le monde des hommes est un immense champ de lutte pour la richesse et la puissance. Et trop de souffrances et d'atrocités leur cachent le visage de Dieu. Il ne faut surtout pas qu'en allant vers eux nous leur apparaissions comme une nouvelle espèce de compétiteurs. Nous devons être au milieu d'eux les témoins pacifiés du Tout-Puissant, des hommes sans convoitises et sans mépris, capables de devenir réellement leurs amis. C'est notre amitié qu'ils attendent, une amitié qui leur fasse sentir qu'ils sont aimés de Dieu et sauvés en Jésus-Christ. »

Le soleil était tombé derrière les monts. Et brusquement l'air avait fraîchi. Le vent s'était levé et l'on entendait monter de partout le chant ininterrompu des cigales.

Table

Achevé d'imprimer le 6 mai 1996
dans les ateliers de Normandie Roto Impression s.a.
à Lonrai (Orne)
pour le compte des éditions Desclée de Brouwer
N° d'impression : 960822
Dépôt légal : mai 1996

Imprimé en France